KB039125

천년의 문화와 전통이 살아 숨 쉬는 그곳

프로페셔널 인재는 누구인가

강성숙

박영사

서문

들어가는 글

일본에 조금이라도 관심이 있는 분들은 오모테나시(おもてなし)라는 말을 들어본 적이 있을 것이다. 오모테나시에는 일본의 전통적 정서 요소가 많이 가미되어 있어서 이해가 어려운 부분도 있을 수 있다. 하지만 오모테나시가 현재의 일본사회에서 어떻게 표현되고 계승되어 가고 있는지를 살펴보면 일본의 본질을 이해하는 데 큰 도움이 될 것이다.

여러분들은 일본 애니메이션·드라마 혹은 일본여행이나 출장에서 직·간접적으로 접한 일본인들의 사람을 대하는 태도에 대하여 어떤 이미지를 갖고 있을까? 10초간 눈을 감고 생각해보자. 대충 비슷한 이미지일 것이다. 기모노를 입고 수없이 머리를 조아리며 과잉서비스를 하는 모습, 때로는 지나치다 싶을 정도로 자신을 낮추고 무릎을 꿇어 고객의 앉아있는 자세에 맞추거나 내려보지 않는 위치에서 주문을 받는 서비스 종업원의 모습이 떠오를 것이다. 이러한 이미지는 외국인뿐만 아니라 일본 국민들에게도 익숙하다. 저자는 일본의 교토대학 경영관리대학원에서 '오모테나시 경영'을 강의하고 있다. 해마다 대학원 수업에 들어오는 일본인 경영자나 전문 경영을 배우는 학생들에게 오모테나시를 경영에 활용하면 어떨 것 같냐는 질문을 던진다. 대다수 수강생들은 매니지먼트에 활용하기에는 비용이 너무 많이 발생하는 것 아니냐며 난색을 표한다. 하지만 15회의 수업이 끝날 때쯤 다시 한번 같은 질문을 던지면 생각에 많은 변화가 생겼음을 느낄 수 있다. 우선 오모테나시는 과대한 비용을 발생시킨다는 생각보다는 기업의 커다란 자산이 될 수 있다는 생각의 전환이 이루어진다. 또한 고객과의 가치 공동 창조, 장기적인 경영, 기업철학 등 처음과 다른 단어로 표현하는

데, 이는 지금껏 오모테나시에 대하여 오해가 많았다는 것을 증명해 주는 모습이다.

그럼 일본인들이 경영문화를 유지하고 있는 근본에는 무엇이 존재하고 있을까. 일본의 서비스가 주목을 받게 된 배경에는 코로나19 발생 전, 2015년부터 급격히 증가한 방일외국인 관광객과 관련이 있어 보인다. 방일외국인 관광객 수는 2018년에 3000명을 넘어 2020년에는 4000명에 달할 것으로 예상되는 분위기 속에서, 일본의 스시나 라멘은 일찌감치 글로벌화되어 세계 곳곳에서 일본의 식문화를 즐길 수 있었다. 청결한 거리, 친절한 사람들, 독특한 접객 서비스 등 일본스러운 서비스에 감탄하며 일본의 전통적인 생활문화를 즐기려는 외국인도 계속해서 증가했다. 최근에는 코로나19에서 다른 나라보다 늦게 관광을 재개한 일본에 또 다시 세계 각국의 관광객이 몰려들고 있다.

관광객들을 통해 일본인들의 겸손함과 친절함이 많이 소개되면 일본의 전통적인 서비스문화를 "오모테나시"라는 말로 표현하는데 별다른 거리감없이 이해하고 있지만, 아직까지도 그 본질을 다룬 이야기는 찾아보기 드물다.

이 책에서는 오모테나시의 개념을 정리하고, 오모테나시가 가장 일반적으로 보이는 전통료칸(旅館)을 비롯하여 다양한 사례를 제시해 가며 오모테나시란 무엇인지 이야기를 풀어나가 볼까 한다.

본서는 총 6장으로 구성되어 있다. 먼저 1장과 2장은 오모테나시의 개념을 정리하고 고객과의 서비스 공동창출 과정과 일본식 서비스 시스템의 특징을 설명하였다. 3장과 4장에서는 오모테나시의 특징이 실제 현장에서 어떻게 실천되고 있는지 그 프로세스를 소개하였다. 예를 들어 다도나 이케바나가 서비스경영에 어떠한 형태로 운영·응용되고 있는지 설명하였다. 5장에서는 오모테나시가 일반적으로 보이며 상징처럼 되어버린 전통료칸을 통해, 오카미(여주인)의 오모테나시 경영에 집중하여 3곳의 대표적인 료칸을 케이스 스터디로 구성했다. 오모테나시는 매우 경험적·감각적인 형태로 느껴지므로 이해하기 어려울 수 있지만 사례를 통해 좀 더 쉽게 이해할 수 있기를 바란다. 마지막으로 6장에서는 긴 시간 비즈니스를 지탱해주는 프로페셔널 인재의 잠재력, 오모테나시에 대한 재해석을 했다.

　저자는 약 20년 이상 일본서비스 기업을 중심으로 프로페셔널 인재에 관해 연구해 왔다. 특히 오모테나시로 불리는 서비스행위가 어떻게 부가가치를 생산하는지, 서비스 기업이 대(세대)를 이어가면서 자신들의 기업 서비스 정신을 어떻게 전승하고 지식을 축적해 왔는지 그 배경과 과정에 관심을 갖고 정리하였다. 오모테나시에 과학적으로 접근하기 위해 연구를 계속하고 있는 한 사람으로서, 오모테나시가 서비스 문화론에 국한된 것이 아니라는 점에 집중했다. 오모테나시를 좀 더 정확히 이해함으로써 비즈니스의 지속성과 브랜드구축, 기존 고객과의 장기적인 관계구축(CRM) 등 비즈니스에 있어서 일본의 정서에 대해 생각해 보고 이해하는 기회가 되기를 바라며, 집필에 도움을 준 여러 기업 및 기업 관계자(카가야료칸, 히라기야료칸, 호시노리조트, 하이얏트 리젠스 쿄토, 레스토랑 카시타, 이케노보, 닷사히(아사히슈죠))에 깊은 감사를 드린다.

　끝으로 사랑하는 나의 부모님께 개인적인 감사의 마음을 전하고 싶다. 타국에서 20여 년 연구자의 길을 걷는 동안 언제나 사랑과 지원을 아끼지 않으신 두 분께 이 책을 바친다.

차례

Chapter
01

What is 오모테나시[お・もて・なし]?

What is 오모테나시[お・も・て・なし]?

　　오모테나시의 어원은 무로마치시대(室町時代, 1336년~1573년)에서 찾아볼 수 있다. 많은 학자들은 오모테나시가 14세기 일본의 다도(茶道)에서 유래한 말로 다실의 주인(亭主)이 손님을 맞이하는 마음가짐이며, 다도회(茶会)를 주최하는 주인이 모임의 테마를 정하고 누구를 초대할 것인가에 따라 준비하는 과정과 접대를 달리하는 것이라고 설명한다. 기본적으로 다도회(茶会)는 시간과 장소, 초청할 손님을 정하고 모임의 테마에 맞는 차 도구와 다과를 준비하는 것까지, 말하자면 주인이 **일방적으로 설계**한다. 손님은 다실에 들어오면 걸려 있는 족자를 통해 이번 모임의 테마를 이해하고 계절에 따라 적합한 꽃꽂이와 모인 손님에 맞춰 갖추어진 차도구(다기 등), 차과자 하나하나에 담긴 **주인의 의도**를 읽어 낼 수 있어야 한다. 디테일하게 준비된 차도구를 통해 주인이 전하고자 하는 의중을 이해함으로써 주인과의 대화도 한층 더 풍성해질 것이다. 이러한 프로세스는 표면적으로는 서비스 제공자(主)의 일방적인 취향처럼 보이지만 사실은 사전에 손님(客)의 취향에 맞추어 철저히 준비되어 많은 연출을 요하는 정성스러운 과정이다. 손님도 설계된 서비스에 대한 이해도(literacy)가 낮아 다기나 족자에 쓰인 글을 통해 이번 다도회 주인의 의도나 주인의 마음을 읽어 내지 못하

면 그날의 모임을 망치고 만다. 오모테나시를 이해시키고자 할 때 다도를 예로
드는 것은 다도에서 보이는 자세가 일본인들이 중요시하는 마음가짐을 잘 표현
하고 있기 때문이다. 그 마음가짐이란 '一期一会(이치고이치에)'이다. "일생에 한
번 만나는 인연이라는 마음가짐으로 매 순간 상대에게 소홀하지 말고 최선을
다하라"라는 뜻이다. 이 말은 아츠지모모야마시대(安土桃山時代)의 다인(茶人)
센노리큐(千利休)의 제자였던 야마노우에 소우지(山上宗二, 1544~1590)가 그의
저서 『야마노우에노소우지키(山上宗二記)[1]』에 처음으로 기록했다고 한다. 주인
과 객이 서로 성심성의껏 진심으로 차를 대할 것을 강조한다(中川, 2011).[2]

　　일본의 역사학자이며 미호 미술관(MIHO MUSEUM) 관장인 쿠마쿠라(熊倉)
교수는, 무로마치시대에 차는 주객이 보는 곳에서 만들어지지 않고 차 만드는
곳(茶立所)이라는 별실이 있어 거기에서 만들어져 급사가 차를 주객(主客, 주인
과 손님)이 있는 방으로 가져왔다고 한다. 자연스럽게 차 만드는 곳에서 차를 만
들던 급사의 자세·행동이 다도 예법의 시작점이 되었다. 그 후 객(손님)이 차를
만드는 방에 들어오게 되면서 차가 만들어지는 모습을 조용히 지켜보는 것이
손님의 예법이 되었다. 급사는 자연히 객(손님) 앞에서 차를 만들어내는 자세(모
습)의 아름다움을 추구하게 되었고 여기에서 「일본인은 **타인의 시선을 의식하는
것에 의해 일본인 스스로의 자세와 행동을 결정한다**」라는 태도가 생겨났다. 차
를 내는 과정에서 **틀에 박힌 듯한 형식, 정해진 룰**(形, 카타치)을 강조하며 손님에
대한 정성스러운 **마음**(心, 코코로)을 표현하는 것이다. 또한 능숙한 다인들이 차
를 내는 태도를 보고 있으면 그 동작이 군더더기 없이 아름답다. 보는 사람으로
하여금 감사하는 마음이 우러나며 감성도 풍요로워지는 것을 느낄 수 있다. 일
본의 오모테나시를 이해하는 데 있어서 다도는 중요한 키워드이다.

---

1   일본의 와비차를 완성시킨 센노리큐의 수제자였던 야마노우에노소우지가 쓴 최초의 다도의 비전서이다.
2   中川伸子(2011). 「ホスピタリティの起源」 『神戸女子短期大学論攷』. 56 巻. 25-32.

히오키(2014) 교수는 (오)**모테나시의 의미**에 대하여 무엇을 가지고(以て, 모테 =도구, 수단을 이용하여) 어떻게 행할 것인가(なし, 나시=표현하다, 실천하다), 다시 말해 접대의 수단과 행위 표현의 대응(template)을 어떻게 접대를 할 것인가, 그 **프로세스는 미정으로 두는 불확실한 상태**라고 한다.[3] 불확실한 상태, 즉 고객의 상태와 상황에 따라 유연하게 행동하는 것, 이것은 서비스제공에 있어서도 **변동성이 매우 큰 행위**이며 일본의 서비스의 원점(원류)이다.

최근 다도회의 모습 (다도구를 준비하고, 손님을 맞이하고, 차를 내는 순서의 모습)

---

3 「アイ・エム・プレス」Vol.211 2014年1月号에 실린 인터뷰 기사.

▶ 룰은 깨질 때 감동으로 다가온다

보통 서비스기업에서의 서비스제공 프로세스는 수많은 경우의 수를 고려하여 어떻게 서비스를 제공할 것인지를 결정한다. 종업원은 정해진(매뉴얼화 된) 서비스의 순서나 규칙(룰)이 왜 그렇게 정해져 있는지 그 배경의 의도와 목적에 대해 정확히 이해하고 접객현장에서 서비스를 실시한다. 기본적인 서비스규칙(룰)을 무시하거나 예외적으로 서비스를 제공하는 것은 그런 행위를 할 만한 가치가 있다고 판단될 때인데, 이를 위해서는 종업원에게 기업이나 조직의 룰을 깰만한 가치 판단을 허용하는 시스템이 존재해야 한다. 종업원이 규정을 깰 가치가 있다고 판단하여 예외적인 서비스를 제공할 때 이러한 서비스를 받는 고객은 감동할 것이며, 매뉴얼을 깰 가치가 있다고 판단할 수 있는 사람(인재)과 그러한 결정이 허용되는 문화를 갖고 있는 조직은 고객에게 감동으로 다가온다. 이러한 문화를 갖고 있는 기업은 우리에게 잘 알려진 세계적인 하이퀄리티 호텔, 리츠칼튼이다. 리츠칼튼에는 모든 종업원에게 '2000달러 임파워먼트' 제도를 제공하고 있으며 그 배경에는 고객감동과 같은 맥락이 깔려있다. 리츠칼튼에서는 현장 종업원이 고객을 위해 하루에 2000달러를 자신의 판단으로 사용할 수 있다. 그 2000달러를 한 고객을 위해 사용한다는 것은 고객이 처해있는 배경을 이해하기 때문에 가능한 일이다. 자주 등장하는 사례를 소개한다. 한 숙박객이 프레젠테이션 당일 매우 중요한 USB와 발표자료를 호텔에 놓고 출발했다. 그 고객의 상황을 세심하게 이해하지 못한 종업원이라면 2000달러를 쓸 가치를 느끼지 못했을 것이다. 하지만 그 발표자료가 손님에게 얼마나 중요한 것인지를 이해하고 있던 종업원은 2000달러 룰을 적용하여 고객의 문제를 해결했다. 일반적으로 손님이 호텔에 물건을 놓고 갔다고 2000달러 룰을 모든 고객에게 적용하지는 않는다. 기존의 룰에서 이탈로 인해 발생하는 비용을 감안하고도 가져다 드려야 한다는 판단과 더불어 발생하는 비용보다 더 큰 긍정적인 서비스 효과가 있을 것이라 예측이 된다면 행동에 옮길 것이다. 이처럼 정해진 룰을 이탈해도 좋다는 서비스문화는 고객감동으로 이어진다. 그렇다면 기존 룰에서 이탈해도 좋다고 결정하고 행동하는 판단은 언제 어떠한 순간에 이루어지는 것일까?

적극적 인적관여(대인)서비스를 중심으로 두고 서비스를 설계하면 말할 필요도 없이 많은 비용이 발생한다. 하지만 고객이 원하지도 않는 일방적인 과잉서비스는 오모테나시라고 볼 수 없다. 더욱이 과잉서비스로 인해 비용만 발생시키고 고객만족을 이끌어 내지 못한다면 최악일 것이다. 이런 경우 처음부터 서비스설계를 다시 해야 한다. 사실 서비스의 설계와 표현은 늘 많은 기업이 고민하는 부분이기도 하다.

물론 오모테나시는 **단기적인 비용**이 발생할 수 있다. 이러한 단기적인 비용 발생이 많은 사람들에게 오해를 불러일으키는 요인 중에 하나일 것이다. 하지만 **중·장기적으로 보면 수익으로 돌아온다**는 점에 중점을 둘 필요가 있다. 또한 오모테나시로 인한 **브랜드가치의 향상**, 기존 고객의 **재구매율 상승** 등 긍정적인 측면을 간과해서는 안 된다. 지금부터 일본의 오모테나시가 비즈니스 세계에서 어떻게 적용되고 있는지 좀 더 깊숙이 들여다보도록 하겠다.

▶ 고도한 서비스=오모테나시는 커뮤니케이션이다

일본 장인의 세계에서는 스승의 일하는 뒷모습을 등 너머로 긴 세월간 지켜보며 **기술을 훔친다**(=배운다)고 한다(技を盗む, 와자오 누스무). 기술이 어떠한 문맥에서 살아나고 있는지를 이해하고 스스로 재현하고 응용력을 키운다는 의미이다. 장인의 세계나 서비스현장에서는 단순히 머리로 이해하는 것이 아니라 **몸으로 행동하며 표현할 수 있어야** 진정으로 아는 것이라 할 수 있다. 몸이 먼저 움직이는 것, 다시 말해 숙련도를 이야기하는 것이기도 하다.

일본의 표현 중에 **키와메루**(極める, 끝까지 추구한다)라는 말이 있다. 이는 한가지를 최고의 경지에 도달할 때까지 끝없이 추구하는 자세이다. 저자의 지인(知人) 중에 다양한 종류의 나무나 종이에 옻칠을 하여 전통적인 일본 술잔이나 다도구·식그릇 등을 주문 제작하는 공방인 다나카 씨가 있다. 한 모임에서 다나카 씨가 일본 술잔에 옻칠을 하면 술이 좀 더 부드럽게 정제되며 일본술 본연의 향을 더욱더 잘 느낄 수 있다는 설명과 함께 그냥 술잔과 다나카 씨의 옻칠을 한 술잔을 비교해 보라고 권했다. 역시나 일본술 특유의 톡 쏘는 강한 맛이 부드러워진 듯했다. 물론 과학적으로 옻칠이 갖고 있는 성질과 일본술과의 합이 좋기도 할 것이다. 하지만 저자가 감명을 받은 대목은 다나카 씨가 주문을 받으면 술잔 주인의 얼굴을 생각하며 그 사람들이 어떤 장면(scene)에 자기의 그릇이나 술잔을 사용할 것인지 상상하며 제작한다는 사실이었다. 개인적으로 인상 깊었던 말은 여성의 술잔은 술을 마실 때 품위 있고 아름다워 보이도록 목이 뒤로 젖히는 각도까지 고려하여 설계한다는 것이다. 그렇다면 남성의 술잔은 술잔을 기울일 때 옆의 사람에게 더욱더 멋진 모습으로 느껴지도록 제작되는 것일까? 아쉽게도 남성에 대한 이야기는 나누지 못하였다. 이렇듯 장인은 목선의 아름다움까지 고려하여 조그만 술잔에 마음을 쏟는다. 이러한 것들이 장인들 세계에서는 키와메츠쿠스(極めづくす, 진력을 다한다) 행위일 것이다. 사용자(고객)가 본래의 실용적인 목적을 가장 충실하게 이행할 수 있도록 하고 그 위에 멋(遊び心)을 덤으로 놓아두는 여유가 장인들에게서 보인다. 늘 그들의 중심에는 고객이 있다. 이러한 장인정신에서 우러나오는 오모테나시는 결국 그 나라의 문화적 배경에 의거하는 것인가에 관해서도 많은 고민이 있어 왔다. 간단히 정의 내리기 쉽지 않은 일이다. 하지만 우리에게 감동을 주는 서비스는 어느 나라나 비슷한 맥락을 지니고 있다. 특히 고도한 대인서비스는 기본적으로 언어에 의한 커뮤니케이션이 중요하다. 하지만 언어로 표현되는 커뮤니케이션만으로는 고객을 감동시킬 수 없다. 고객의 말로 다 표현되지 못한 부분을 고객의 표정이나 몸짓을 보고 판단하여 서비스로 행동할 때 비로소 감동을 자아낼 수 있다. 이러한 맥락에서 오모테나시는 표정이나 행동의 논버벌(nonverbal)을 읽어 내는 능력을 요한다.

에드워드 홀(1977)[4]의 분류에 의하면 일본이나 한국은 하이 컨텍스트 컬처(high context culture) 문화권에 속해 있다. 여기서 저자가 체험한 에피소드를 소개한다. 2019년 2월에 지식경영을 연구하는 유럽인과 일본인 연구자, 한국인인 저자가 공동으로 일본에서 가장 서비스가 우수하다는 료칸(일본의 전통 숙

---

4   Edward T. Hall(1977). Beyond Culture, Anchor; Reissue版.

박시설)에 필드 조사를 갔다. 필드조사 후 1박을 하고 아침식사 때의 일이다. 테이블에 마시는 요구르트가 놓여 있었고 콧수염이 있는 교수님이 요구르트 뚜껑을 열어 마시려 하자 담당종업원이 "그대로 드시면 수염에 별 모양이 생기십니다"라고 말하며 옅은 웃음을 띠었다. 주변에 있던 8명의 연구자들은 "조심히 드시라는 말인가봐요"라며 웃어 넘겼다. 바로 그때 한 연구자가 "스트로우가 있네요"라며 의미심장한 웃음을 보였다. 그렇다. '스트로우가 있으니 사용하시지요'라고 직설적으로 말하지 않고 우회적으로 말을 한 것이다. 직접적으로 말을 건네기보다는 고객이 **인지하도록 유도하는** 이런 스타일을 일본에서는 흔히 볼 수 있다. 직설적으로 말하는 것은 스트로우를 사용하고 싶지 않은 고객에게는 강요하는 듯 들릴 수 있기 때문이다. 반면 그냥 뚜껑을 따서 쭉 마시고 싶어하는 고객도 있을 것이다. 이렇게 많은 **경우의 수를 생각하며** 말을 건네는 것이 일본에서는 세련된 서비스이다. 어쩌면 이런 우회적 화법은 일본의 서비스에 익숙하지 않은 고객에게는 불필요하게 느껴질 수 있다. 서비스 제공자의 유머와 배려도 고객의 이해도가 없으면 단순히 번거로울 것이다.

특히 이러한 분위기를 잘 보여주는 대표적인 곳이 일본 료칸(일본의 전통 숙박시설)이나 스시집이다. 흔히 스시하면 빙글빙글 돌아가는 회전초밥을 생각할 수 있으나 여기서는 타치노스시(達の寿司)에 대해 말할까 한다. 에도마에스시(江戸前寿司)라고도 하는데 카운터를 사이에 두고 스시장인과 손님이 마주보고 스시를 즐기는 곳이다. 가끔 고급 스시집에는 가격이 표시되어 있지 않은 가게도 있고 때로는 시가(時価, 그날에 따라 가격변동)라고 적혀 있는 곳도 많다. 익숙하지 않은 고객에게는 상당히 당황스럽다.

미슐랭(Michelin)가이드 5년 연속 별 3개의 세계적인 미식가들에게 절찬을 받은 스시장인 오노 지로가 운영하는 스시집 이야기를 들어본 적 있는지 모르겠다. 스키야바시지로는 전화로 예약을 해도 6개월이나 1년 이상 기다려야 하지만 지금은 그것도 쉽지 않아서 일반인의 전화예약은 전혀 받지 않는다. 호텔을 통한 예약이나 일반 고객은 다른 루트를 통해야만 예약할 수 있다. 스시장인 지로는 80살이 넘은 나이에도 스시에 대한 겸허한 자세로 변함없이 좀 더 나은 스시를 제공하려 매일 철저히 계획된 일상에서 흐트러짐 없이 진지하게 스시와

마주한다(저자가 집필 중, 지로 씨는 다시는 만날 수 없는 전설의 인물이 되었다). 60년 넘게 스시를 생각하고 스시에 몰두한다. 그럼에도 그는 완벽한 스시를 완성하지 못했다고 생각한다. 이러한 그의 일상과 스시에 대한 철학과 프라이드를 소재로 미국에서 다큐멘터리영화 'JIRO DREAMS OF SUSHI'가 공개되어 "궁극적인 심플함은 결국 퓨어가 된다"라는 말로 감명을 주었다. 여기에서 말하는 심플이란 쓸모 없는 장식을 전부 없애버린 최상(고)의 것을 끊임없이 고민하고 추구하는 자세일 것이다. 오바마 전대통령이 방일 당시 이 스시집에 가보기를 원했고 '인생에서 가장 맛있는 예술품'이라고 극찬했다. 지로스시는 15분에서 30분 정도면 식사가 끝나고 3-4만엔을 지불한다. 식사중에 서로 한치도 흐트러지지 않게 한 개의 스시에 정성을 다하고 손님은 내놓은 스시를 음미한다. 지로는 까다롭게 스시를 판다. 또한 고객들은 그 가치를 인정한다. 마치 대결하는 듯한 이런 상황이 불편한 사람도 많다고 한다.

   또한 손님이 스시를 먹는 속도가 빠르든 느리든 손님의 속도에 맞추어 손님 앞에는 스시가 2개 이상 올라가지 않게 한다. 그리고 손님이 차를 마시는 각도를 보며 손님이 요청하지 않아도 컵에 차가 항상 일정한 양을 유지하도록 첨잔을 한다. 일본인에게 **첨잔은 고객에 대한 관심의 표현**이다. 일본인은 술을 마실 때도 술잔이 비어 있지 않도록 첨잔을 한다. 한국과는 다른 풍습이다.

⊙ 신뢰가 최고의 부가가치를 창출한다

   야마우치(山内) 교수[5]는 스시집 서비스 제공자와 손님은 상호 행위를 통해 교섭하는 과정에서 가치창출을 보인다고 말한다. 스시집 제공자가 일방적으로 서비스를 제공하는 공간이 아니라 고객과의 상호작용에 의해 가치를 높여가는 것이다. 그렇다면 어떻게? 주인과 고객은 **대등한 관계** 속에서 상호 행위를 하므로 전체적인 가치가 높아진다. 때로는 먹고 싶은 생선을 요청할 때 주인장이 오늘은 요구한 생선 상태(물이)가 좋지 않으니 그만두라고 하는 경우도 있다. 그럼

---

5   山内 裕(2015). 『「闘争」としてのサービス』. 中央経済社.

고객은 납득하고 다른 종류의 생선을 부탁한다. 서로 간 믿음이 있기 때문에 가능한 일이다. 서비스 제공자와 고객 사이에는 신뢰가 형성되고 양자의 상호작용에 의해 서로 간 가치가 높아져간다. 이러한 상호작용을 통해 고객은 생선에 대한 지식을 쌓아가며 감도도 높아지고 주인은 손님들의 취향을 파악하기 쉬워진다. 이처럼 서비스의 이해도는 서비스 제공자와 고객의 상호작용(interaction) 안에서 형성되는 것이다. 고객이 스시에 조예가 깊으면 스시집 주인도 긴장하게 된다. 반면, 손님이 계절 생선이나 스시에 대해 잘 모르면 주인의 긴장감도 느긋해지고 경우에 따라서 가게의 스시맛도 떨어질 수 있다. 최고의 스시를 제공하기 위해서는 고객의 미각을 키워서 서로 팽팽한 긴장감 속에서 장인을 단련시켜야 한다. 다시 말하면 **오모테나시는 고객의 이해도(literacy)와 주객의 상호작용-하이 컨텍스트의 공존 속에서 가능한 것**이라 할 수 있다. 서로 일일이 말하지 않아도 내놓은 상품에 대한 주인의 지식과 끊임없이 노력하는 노고를 평가할 수 있는 고객의 **이해도(=지식)를 공유**하고 있어야 한다.

스시 이야기가 나왔으니 일본의 음식 관련해 재미있는 에피소드를 하나 더 소개하겠다. 음식과 관련하여 2020년에 미슐랭가이드 별 3개를 받은 곳이 동경에 11곳, 별 2개 48곳 별, 1개는 167곳이 있으며 교토에는 별 3개 7곳, 2개가 19곳, 1개가 84곳이다. 당연히 오사카나 후쿠오카 등 많은 도시에도 분포되어 있다. 왜 이렇게 일본은 미슐랭 인정 레스토랑이 많을까? 2020년 일본 미슐랭 페리니온 (전)사장의 인터뷰가 실린 니케이신문의 기사에서 그 대답을 얻을 수 있을 것 같다. 아래는 인터뷰 내용의 일부이다.

> "일본 식문화의 범위는 넓고 매우 흥미롭다. 예를 들어 홋카이도(북해도)와 오키나와는 기후가 완전히 다르며, 어느 지방에도 로컬음식문화가 존재한다. 따라서 레스토랑도 풍부하고 한 지방만으로도 음식 가이드북 한 권은 충분히 나온다. 더욱 흥미로운 점은 유럽에 비해 전문점이 많다는 것이다. 스시는 스시장인, 튀김은 튀김장인, 주먹밥은 주먹밥장인이 존재한다. 유럽은 제너럴리스트의 식문화이다. 반면 일본인은 무엇이든 전문적으로 추구하는 점에서 프로페셔널 인재이다. 이러한 인재 육성이 일본의 강점이라고 생각한다.…"

　이러한 다양성이 지속될 수 있었던 것은 별도의 인재육성이 있었다는 것일 까? 물론 미슐랭의 심사기준에 관한 찬반여론도 존재하며 미슐랭가이드에 관한 평가 또한 다양하다. 2008년 처음 교토에 미슐랭가이드북이 발행될 당시, 교토 는 거부감과 저항이 강해 가이드북 발행이 어려울 것이라는 이야기도 나왔었다. 미슐랭 조사를 거부하거나 보류하는 가게가 속출했다. 별 개수의 기준과 접시 위에 요리만 보는 것이 일본의 식문화에 맞지 않는다는 게 이유였다. 교토의 요 리집은 자신들의 가치는 손님이 오시기 전 예약단계에서부터 평가받기 시작되 며 손님에게 음식을 내는 타이밍, 식사하는 공간의 온도, 계절 등 수많은 요소가 종합적으로 평가받는 것이라 말했다. 단순히 식기 위의 음식만으로 평가받는 것 은 문제가 있다는 것이다. 더불어 교토문화에 관한 이해도가 전혀 없는 미슐랭 심사원에게 평가받고 싶지 않다는 의지가 강했다. 식문화에 대한 이문화 이해 를 둘러싼 갈등은 어느 나라에나 존재하지만 일본은 처음 접하는 것에 매우 신 중하다. 이러한 움직임에 놀란 미슐랭 관계자는 교토 음식문화를 인솔하고 있는 유명한 시니세 요리 주인들을 설득했고 결국 우여곡절 끝에 출판이 결정되었다. 물론 교토의 음식점들이 미슐랭가이드에 요리집의 이름이 실리는 메리트가 크 다고 판단한 이유도 있을 것이다. 세계의 음식 애호가들에게 하나의 기준을 제 시해주고 있는 가이드북이라는 점을 무시하기 어려웠을 것이다.

● 공유성이 높은 오모테나시 문화

　미국의 문화 인류학자인 에드워드 홀(Edward T. Hall)이 제창한 하이(high) 컨텍스트와 로우(low) 컨텍스트를 척도로 하는 커뮤니케이션의 식별법 이론에 의하면, 일본, 한국, 중국 아랍국가는 '하이 컨텍스트 문화'에 해당되고, 스위스, 독일, 미국 등은 '로우컨텍스트 문화'이다. 로우 컨텍스트 문화권은 말하려는 맥 락을 논리적으로 전달하고 이해시켜야 한다. 서로 마음이 통해 말이 필요없는 것 이 아니라, 하나하나 말로 표현한다는 점이 하이 컨텍스트 문화와의 차이점이다.

　컨텍스트(context)라는 단어가 자주 등장하는데 이는 커뮤니케이션의 기반인 언어의 공통 지식, 체험, 가치관, 로직, 기호 등을 가리키며 단어와 문장의 전후 관계, 배경지식, 문맥, 또는 이러한 것들의 해석과 의미부여를 위한 정보이다. 하라(Hara, 2013) 교수는 하이 컨텍스트 문화는 행간의 속뜻이나 진의를 읽어 내릴 수 있는 필요성이 큰 문화라고 말한다.

[그림 1] 나라별 컨텍스트 문화

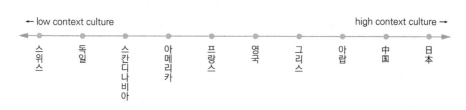

← low context culture   high context culture →

스위스 독일 스칸디나비아 아메리카 프랑스 영국 그리스 아랍 中國 日本

출전: 에드워드 홀(1977). *Beyond Culture*에 기초하여 작성.

하이 컨텍스트 문화(high context culture)란 컨텍스트(context)의 **공유성이 높은 문화**이다. 전달하려는 노력과 스킬이 없어도 서로 분위기, 눈빛으로 읽을 수 있는 문화인 것이다. 상호 간 컨텍스트의 이해가 공유되기 때문에 명확한 언어 분절을 할 필요가 적다. 반면, 로우 컨텍스트 문화(low context culture)는 말하려는 점을 **논리적으로 전달하고 이해하도록** 설명한다. 서비스와 직접 관련된 사례로 서비스 담당자의 직무 기술(job description)이 있는데, 일본에서는 애매하게(추상적 언어) 기술되지만 미국에서는 매우 상세하게 기술한다.

하이 컨텍스트 문화에 속해 있는 일본의 접객 현장에서는 세 가지 배려를 중시한다. 먼저, 관심을 갖고(気配り, 키쿠바리) 상대가 무엇을 필요로 하는지 요구하기 전에(곤란하기 전에) 먼저 행동하는 것이다. 그 다음으로 주의 깊게 주변을 관찰하여 살피며(目配り 메쿠바리), 상대의 상황이나 상태에 주의를 기울여, 배려하여야 한다(心配り, 코코로쿠바리). 또한 배려하는 마음이란 마음을 다하고 있다는 것이 행동으로 표현되는 것이 핵심이다. 이렇게 마음이 행동으로 나타나면 고객의 마음이 불편할 일이 없을 것이다. 다시 말해 질 높은 접객서비스는 고객의 언동(무의식 중에 드러나는 행동)에서 고객이 원하는 것을 헤아려 보다 고도

의 서비스를 제공하는 것이 가장 중요하다. 이렇게 훈련된 종업원들은 일본인 만을 긴 세월 동안 상대해 왔다. 그렇다면 최근 5-6년 사이 급증한 외국인 관광 객들에게는 현재의 일본 서비스가 어떻게 이해되고 평가되고 있을까? 서비스 현장은 변화하는 마켓에 대응하기 위한 많은 과제와 고민이 쌓여있다. 소규모 럭셔리(고가) 료칸이나 호텔에서 제공하는 인적서비스는 고객의 언동(무의식 중 에 드러나는 행동, high context service)에서 고객의 니즈를 유측(유추 또는 추측) 할 뿐만 아니라 전통과 문화, 풍습등 복잡하게 어우러진 통합형 구조(integral architecture)라 할 수 있다.

출전: 저자촬영.

  손님이 요구하기 전에 서비스 제공자가 손님의 욕구를 알아차려서, 무엇을 요구하지 않아도 서비스하는 것을 하이 컨텍스트 서비스라고 한다. 료칸은 서비 스내용을 사전에 정하는 것이 아니라, 손님과의 상호작용을 통해서 서비스를 결 정한다. 서비스를 제공하는 과정에서 어떤 서비스를 수행할지 재설계하여, 손님 에게 만족을 주도록 한다는 목적이 설정된다. 고객만족을 이끌어 낸다는 최종목 적만이 정해져 있고 구체적으로 어떤 서비스를 제공할지는 사전에 확정되지 않 은 유동적인 서비스제공이다. 이런 대응은 고정적인 업무분담을 하는 호텔에서 는 곤란할 것이 분명하다. 이렇게 형태가 고정되지 않은 료칸 서비스가 고객 입장에서 좋은 점은 자신이 어떤 서비스를 받을지를 미리 자각하지 않아도 된다는 점이다. 고객의 불확실성(애매모호함)은 기업마케팅에 있어서도 상당히 큰 문제점이다. 더더욱 문제가 되는 것은 그들이 자신이 무엇을 원하는지도 제대로 알지 못한다는 점이다. 행동과학에서는 욕구충족을 위한 목적 지향적 행동을 행위라고 전제하고, 자신이 스스로 욕구를 자각한다고 보았다. 그래서 욕구를 자각하지 못하는 것이 아니라, 그것을 표현하는 능력이 모자란다는 설명을 해왔다. 실제로 욕구를 알지 못하는 것인지, 자신의 욕구를 명확하게 전달이나 표현을 못하는지를 콕 집어서 구분하는 것은 별 문제가 아니라고 생각하는지도 모르겠다.

이러한 측면에서 료칸은 상당한 수준에 도달해 있다. 대부분의 료칸은 관광지에 위치한다. 리조트에 오는 손님이 자기 자신의 욕구를 명확히 지각하지 못하면 호텔은 반응하기가 쉽지 않다. 자기가 무엇을 하고 싶은지 모르는 고객에 대해서는 대응 곤란이다. 반면, 료칸에서는 서비스 리더인 오카미가 손님의 잠재적인 욕구를 끄집어내는 대응을 한다. 예를 들어 고객이 심심해 하니 말을 많이 건네면서 적극적으로 대응을 해야 할지 혹은 최소한의 컨택 포인트만으로 그들이 함께 온 동반자들과 더 많은 시간을 즐기도록 가능한 한 간섭을 피해야 할지 파악하여 대응한다. 상대방이 어떤 컨텍스트에 있는지를 살펴서 서비스에 반영하는 것이다. 이것이 오모테나시이다.

호시노(星野, 1991)는 오모테나시를 문화로 다루며 비즈니스의 업종에 따라 [그림 2]와 같이 분류했다.

[그림 2]   오모테나시 문화 분류

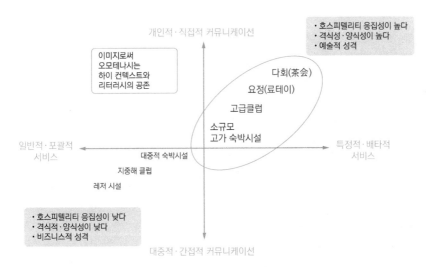

출전: 星野克美(1991).『おもてなし文化ルネサンス』. 不易流行研究所.

Chapter

02

손님에게 배우고 손님을 교육시키며
손님과의 공동창출: 교토식 서비스

Chapter 02
손님에게 배우고 손님을 교육시키며 손님과의 공동창출: 교토식 서비스

◉ **교토식 서비스 시스템(一見さんお断り=처음 찾아 주신 손님은 사양하겠습니다): 블랙 컨슈머를 사전에 차단 가능할까?**

교토의 중심가 시죠기온(祇園)에 위치한 하나마치(花街, 카가이라고도 불림)는 기생들이 사는 오키야(置屋, 게이코, 마이코가 거주하는 집)가 많은 골목이다. 이곳에서는 '고객을 단련시킨다 = 교육시킨다'라는 말이 있다. 고객은 왕이며 고객이 원하는 것에 최선을 다하는 것이 좋은 서비스라는 풍조가 있지만, 일본의 전통문화에서는 조금 다른 경향이 보인다. 현대의 빠르게 흘러가는 정보와 어지러울 정도로 변화하는 시스템 속에서 옛 스타일을 고집할 필요가 없을 지도 모른다. 하지만 지금도 교토에서는 손님을 선별하여 받는 곳이 있다. 기존 단골고객의 소개없이는 처음 보는 손님은 받지 않는 곳이 있다. 처음 대하는 손님의 경우, 그들의 취향을 파악하여 첫 자리부터 완벽한 서비스를 제공하는 것이 어렵기 때문이다. 약간의 맥락은 다르지만 멤버십제도가 비슷한 시스템인 듯하다. 이러한 스타일은 교토에서는 '이치겐상 오코토와리(一見さんお断り, 처음 찾아주신 손님은 사양하겠습니다)'라고 한다. 옛부터 전해오는 **교토식 서비스 시스템**이다. 저

자의 단순한 생각이기도 하지만 오늘날 한국 사회의 갑질 논쟁과 종업원의 감정노동이 사회적 이슈가 된 상황에서 교토시스템이 효과적으로 보일 수 있겠다. 왜냐하면 블랙 컨슈머를 처음부터 차단시킬 수 있기 때문이다. 실제 비즈니스에서 실현 가능성은 어려워 보이지만 그 틀을 응용한다면 어떨까?

니시오(西尾) 교수[6]가 말하길 교토의 오챠야(お茶屋, 일본 기생과 놀 수 있는 요리집)에서는 처음 보는 손님이 현관에 들어오면 "죄송합니다. 누군가의 소개가 없으면 저희 집은 받을 수 없습니다"라며 정중히 거절한다. 또 유명인의 경우에는 "멀리서 일부러 찾아 주셨는데 오늘은 자리가 꽉 찼습니다. 죄송합니다"라며 상대의 기분이 상하지 않게 최대한 정중하게 마음을 담아서 거절하는 경우도 있다. 이런 행위들이 교토 하나마치(花街, 카가이라고도 함)의 문턱이 높은 것을 예로 들기 위해 자주 사용하는 이치겐상 오코토와리 룰의 적용 예이다. 어디에도 명문화되지 않았지만 지금까지도 교토의 하나마치(일본기생과 노는 곳)에서 이어지고 있는 살아있는 풍습·관행(しきたり, 시키타리)이다. 이러한 '이치겐상 오코토와리'가 생겨난 배경으로는 세 가지 포인트를 들 수 있다(西尾, 2007).

---

6 西尾久美子(2007). 『京都花街の経営学』. 東洋経済新報.

• 장기적 지불 거래 관행 → 채무 불이행의 방지

먼저 거래 관행이다. 기본적으로 교토의 오챠야(お茶屋)는 단골손님이 지갑을 갖고 다니지 않아도 오쟈시키(お座敷＝일본의 기생 케이코·마이코와의 놀이)에서 놀 수 있도록 오챠야에서 비용을 대신 지불하고(立て替える) 후일 정산을 하는 구조이다. 오챠야는 일본의 게이코·마이코(芸妓·舞妓)라는 기생들이 소속되어 있는 오키야(置屋)들 중에서 손님들의 취향에 맞춰 기생들을 부르고, 출장요리집에서 요리를 주문하며, 하나부터 열까지 손님들에게 즐거움을 선사할 수 있도록 공간을 세팅하는 역할을 한다. 이 오챠야의 오카미가 손님들의 모든 놀이를 프로듀스(연출)하는 사람이다. 손님의 놀이에 들어간 경비 일체를 오챠야에서 대신 지불하고 오차야에서 여흥을 즐기고 다른 곳으로 2차를 간다면 2차로 찾은 집(요리집 술집 상관없이)의 요금도 오챠야에서 대불한다. 손님이 타고 이동한 택시 요금을 포함한 모든 비용이 오차야로 청구되면 오차야는 고객이 사용한 모든 비용을 대납해 준다. 그 후 손님에게 청구되는 것은 한 달 혹은 두 달 뒤 경우에 따라서는 반년 뒤의 일이다. 장기간에 걸친 상거래 관행은 에도시대부터 지금까지 계속되고 있다. 이 회계시스템은 손님과 오챠야의 신뢰관계가 없으면 성립될 수 없다. 처음 본 손님과는 급하게 신용을 만들 수 없기 때문에 처음 오신 손님을 거절할 수 밖에 없는 것이다(오키야와 오챠야를 겸업하고 있는 곳도 많다).

• 오모테나시 서비스 → 고객의 정보를 기반으로 한 서비스제공

하나마치(카가이)에서 제공되는 서비스 「오모테나시」는 고객의 취향에 따라 제공되는 서비스 내용이 달라진다. 오차야에서는 고객의 취향을 충분히 파악하여 무엇을 어떻게 할 것인지를 고객에게 확인하지 않고 케이코·마이코를 부르며, 고객이 좋아할 만한 요리를 주문한다. 그렇기 때문에 정보가 전무한 처음 대면하는 고객은 취향을 파악할 수가 없어 오쟈시키에서 만족스러운 서비스를 제공할 수가 없다. 만약 고객을 만족시키지 못하여 부정적

인 고객평가로 이어진다면 사람을 **경쟁력의 원천**으로 삼는 오차야에서는 경영에 상당히 큰 타격을 입는 상황이 된다. 누구라도 이러한 사태는 피하고 싶을 것이다.

- **직장과 집이 같은 곳인 여자들만의 살림공간 → 생활자와 고객의 안전성 배려**

    고객들이 들어와서 즐기는 오쟈시키는 오챠야와 같은 방으로, 오키야의 어머니와 기녀들이 일하는 일터임과 동시에 생활공간이기도 하기 때문에 모르는 남성을 함부로 집에 들일 수 없다. 아무리 유명한 공인이나 돈이 많은 고객이라도 신변의 안전이 확보되지 않은 불안한 상태를 피하고 싶은 것은 당연한 일이다.

이러한 이유에서도 교토의 '이치겐상 오코토와리' 문화는 유흥문화에서는 매우 중요한 관행이다. 또한 손님이 무리한 요구를 해오면 다시는 오지 못하도록 은유적으로 돌려서 말하여 망신을 준다. 때로는 너무 은유적이라 주인의 말을 이해하기까지 상당한 시간(반년이) 걸렸다는 고객도 있다. 오모테나시는 고객의 욕망을 전부 받아들이는 것이 아니다. 고객 자신도 잘 모르고 있는 잠재되어 있는 니즈(욕구)를 반걸음 앞서 대응하는 것이 진정한 일본적 오모테나시라고 할 수 있다. 그러기 위해서는 고객을 교육시킬 필요도 있을 것이다. 이런 맥락에서 최근 IT경영자나 공학연구자들이 일본 전통서비스에 관심을 보이는 것도 서비스 제공자의 고객니즈를 반걸음 앞서는 잠재적 능력을 분석하기 위해 일본의 료칸(旅館)이나 료테이(料亭)의 오모테나시에 좀 더 과학적으로 접근하여 시스템화하고 싶은지도 모르겠다.

    그러나 어느 정도 상품 지식을 가지고 있는 일반 소비자가 자신의 요구를 적절히 표현하여 상품화되도록 전달하는 것이 쉬운 일은 아니다. 명확히 어떤 물건을 원하는지 표출할 수 있는 소비자를 파워유저라고 할 수 있다. 만약 고객이 무엇을 원하는지 안다면 기업들은 고민하지 않을 것이다. 원하는 것을 제공하면 해결될 일이기 때문이다. 하지만 그들은 자신이 무엇을 원하는지 잘 모르고 제공된 서비스에 대해 처음으로 싫다 좋다고 평가한다. 이러한 고객의 '애매모호함'이 고객만족 연구에서도 큰 이슈이다. 다시 일본의 오모테나시 서비스로 돌아가면 지금 일본의 전통적 서비스가 떠안고 있는 과제는 외국인뿐만 아니라 일본의 젊은 세대에게도 일본 전통문화를 이해시키는 일이다. 외국인과 젊은 세대에게 일본식 서비스문화를 정확히 이해시키고 평가하게 할 수 있을까? 이처럼 많은 과제를 안고 있음에도 일본의 오모테나시가 확실한 부가가치를 창출하고 있는 것이 사실이다. 이러한 맥락에서 비즈니스에 있어 부가가치를 만들어내는 것이 점점 더 중요하다면, 앞으로 일본은 전략적으로 오모테나시를 활용할 것이다.

▶ 세계관광 경쟁력 랭킹에 빛나는 서비스인재

세계경제포럼(World Economic Forum)에서 매해 관광분야의 국제경쟁력 랭킹(The Travel & Tourism Competitiveness Report)이 공표된다. 관광과 관련된 14분야의 평가지표를 기준으로 랭킹을 정한다. 2015년 일본은 아시아에서 처음으로 9위에 올랐다. 그 후 2017년에는 4위로 높게 평가되었다. 평가 내용 중 가장 높게 평가된 항목은 인재(Human Resources and Labor Market)분야의 '고객대응(degree of customer orientation)'이 1위, '직원의 숙련도(extent of staff training)'가 2위를 차지했다. 또한 지상 수상 교통 인프라 분야(ground and port infrastructure) 중 철도 인프라가 세계에서 최고인 것으로 평가되었다. 서비스인재의 고객 대응에 대한 일본의 오모테나시가 부가가치로써 세계적으로 높은 평가를 받고 있다는 것을 간접적으로 알 수 있다. 2022년부터는 TTDI(Travel&Tourism Development Index)로 평가를 개편했다. 코로나19로 국제마켓의 환경변화를 적극 반영, 지속가능한 관광으로 산업 전반의 체질을 개선하는 데 초점을 맞춰 항목에 변화가 있었다. 측정 항목의 변화가 약간의 영향을 미쳤을 것으로 보이나 결과적으로 종합 1위였다. 일본은 관광으로 국가경제의 기반을 구축하고자 했던 이전부터 인재부문에서 높은 평가를 받았다. 최근 국외의 잡지나 신문에서도 일본스러움을 강조하기 위해 단골손님처럼 료칸 오카미의 접객서비스나 서비스정신에 주목한 기사가 증장한다. 료칸서비스는 일반적으로 1박 2식으로 구성되어 있다. 쾌적한 침실과 2번의 저녁과 조식이 주요서비스에 해당된다. 코어서비스가 착실히 수행될 것이라 고객은 믿고 있다. 숙박시설 서비스에서 고객들의 서비스 평가에 중요한 결정요인은 접객종업원의 태도, 서비스 대응, 신속성이다. 고객들의 이러한 평가는 고객만족으로 이어져 고객과의 장기적 관계성을 구축하기도 한다. 고객의 감정적인 평가에는 부차적 서비스가 중요할 것이다. 그럼 세계적으로 높은 평가를 받고 있는 일본 서비스인재의 고객대응이나 숙련도와 관련하여 일본의 오모테나시가 어떻게 활용되고 전승되고 있는지 좀 더 들여다 보자.

◉ 서비스 잠재력과 일본적 특징

서비스업계에서는 어떻게 하면 제공한 서비스행위에 고객가치를 부여할 수 있을지가 큰 과제로 부상하고 있다.

오모테나시에는 분명히 일본 특유의 서비스문화가 내포되어 있다. 일반적으로 제공하는 측의 태도의 문제, 즉 마음을 담아 정성을 다하여 고객이 원하는(손이 닿지 않는 가려운 곳을 긁어준다) 서비스보다 반걸음 앞서 고객이 생각지도 못한 서비스(긁어준 곳이 생각해 보니 가려운 곳이었다)를 보여주었을 때 고객은 감동하며 고도의 서비스를 경험했다 할 것이다. 이렇듯 개인적인 감정에 의해 습관적·주관적으로 평가되는 오모테나시를 가시화(可視化)하여 일반화한다는 것은 과연 가능한 일인가? 그렇다면 누가 고객의 가려운 곳이 어디인지 알아차리고 행동할 것인가? 이러한 질문은 긴 세월 서비스현장에 있어 과제로 남아있는 문제이다.

이러한 부분들이 암묵적으로 이루어져 온 고도서비스들을 하나씩 분석해 보기로 하자. 우선 고바야시·하라·야마우치(2013)는 일본의 서비스를 컨텍스트의 시점으로 각각 4개의 패턴으로 분류했다.

[그림 3]　일본적 서비스의 가치 창출

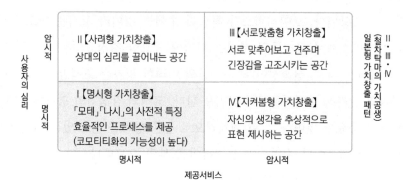

출전: 小林・原・山内(2013). 『日本型クリエイティブ・サービスの時代「おもてなし」への科学的接近』.
日本評論社.

고바야시・하라・야마우치(2013)는 일본적 서비스를 상기의 [그림 3]과 같이 분리하고 있다.

가로측의 '제공서비스', 세로측의 '사용자의 심리'가 명시적인가 암묵적인가? 두 축을 기준으로 분류했다. 먼저 【명시형 가치창출】 서비스는 말하자면 글로벌 체인 비즈니스로서 세계 어디에나 전개하기 쉬운 맥도널드같은 패스트푸드점으로 대표되는 타입이다. 상품의 종류나 가격이 명확히 표시된 서비스이다. 점원이나 고객이 공유하는 컨텍스트는 간단 명료하며, 접점서비스가 적고 주고 받는 대화 내용도 어느 나라나 비슷하다. 한편, 일본형 오모테나시는 고객이 구체적으로 이야기하지 않아도 고객의 욕망을 유추하는 것을 중요시한다. 상기의 [그림 3]에서 제시한 나머지 3종류의 패턴은 절차탁마의 가치창출형이라 할 수 있다. 료칸과 요리요정(료테이)의 접객종업원(나카이) 등은 이러한 【사려형(慮(お もんぱか)리오몬바카리) 가치창조】를 경험적으로 배우고 축적해 왔다. 이러한 능력을 활용한 서비스가 사려(배려)형이라 할 수 있다. 서비스 제공자가 고객의 암묵적 생각(니즈)을 짐작하여 넌지시 적절한 타이밍에 서비스를 제공해 보는 것이다. 의식적으로 서비스를 제공하는 것을 강조하지 않는다. 또한 일본의 스시가 있다. 스시가게 중에서도 특히 에도마에스시는 카운터를 사이에 두고 요리인(す

し職人, 스시 쇼큐닝)과 고객이 어느 정도의 긴장감을 즐긴다. 이러한 서비스를 투쟁(싸움)이라고 표현하기도 한다(山内, 2015)[7]. 어느 정도의 긴장감을 갖고 대립·경쟁하는 중에 서로 맞추어가며 가치를 높여나가는 것을 【스리아와세(擦り合わせ) 맞춤형 가치창출】이라고 한다. 마지막으로【미다테(見立て) 지켜봄형 가치창출】이다. 서비스 제공자가 자신의 생각을 색깔이나 어떠한 추상적인 형태로 표현함으로써 고객에게 암묵적으로 생각을 연상시켜 기쁨을 주는 서비스이다. 예를 들어 일본의 다도에서 모임에 맞는 전통 과자를 준비하여 그 색깔이나 모양에서 계절을 느끼게 한다든지 모인 사람들이 모임의 의도를 알 수 있도록 글(족자)을 걸어 놓고 모임의 의미를 표현하기도 하는 것이다. 이러한 일본의 전통적인 서비스의 형태가 오늘날 오모테나시의 배경이 되고 있다고 해도 과언이 아니다(小林·原·山内, 2013).

또한 일본의 전통적인 비즈니스를 이해하는 데 배분(塩梅, 안바이)이라는 표현이 있다. 일본에서는 배분(塩梅, 안바이)을 중요시한다. 배분에 관한 생각을 비즈니스에 비추어 생각하면 아래와 같은 고민들이 돌출된다.

- 품질이나 고객과의 관계를 중요시하지만 이익도 생각하지 않으면 안 된다.
- 비즈니스를 발전시키고 싶지만 사업의 계속성(지속성)도 전제조건이다.
- 창업자의 이념도 중요하지만 현 시대에 맞는 경영이어야 한다.
- 고객만족을 향상시키고 싶지만 자원의 한계가 있고 재고도 곤란하다.

이러한 고민들을 어떻게 균형을 맞춰 지속적으로 경영·운영할 것인가? 배분에 관한 생각도 조금은 세계적인 관점에서 들여다보면 일본스러움이 존재한다고 하라 교수는 설명하고 있다.

---

7 山内 裕(2015). 『「闘争」としてのサービス』. 中央経済社.

▶ 헬프서비스(helping behavior)에서 한 차원 높은 배려서비스(considerate behavior)로

그럼 좀 더 구체적으로 서비스현장에서 나타나는 현상을 통해 설명해 보자. 특히 일본적인 서비스가 가장 일반적으로 보이는 료칸서비스를 중심으로 접객원이 어떻게 질 좋은 서비스를 만들어 가는지 그 과정을 간단한 사례를 통해 보도록 하자. 료칸서비스의 본질은 의식주와 관련한 생활문화를 비즈니스화한 것이다. 제공하는 서비스는 고객의 가치관에 의해 평가가 달라진다. 하지만 료칸비즈니스는 일본인들의 전통과 문화, 풍습 등이 복잡하게 엉켜 일본의 본질을 보여주는 행위이기도 하다.

여기서 일본의 고도서비스는 어떻게 형성되어 가는지 생각해 보자. 고객들에게 호평받는 서비스는 어떻게 탄생하는 것일까? 후쿠시마(福島, 2018)는 료칸의 대욕탕 온천 고객들의 슬리퍼를 정리하는 과정을 통해, 일반적인 일본의 서비스현장에서 어떻게 고객에 대한 서비스가 진화되어 가는지를 이론적으로 설명하고 있다.

[그림 4]   고품질 서비스로의 진화

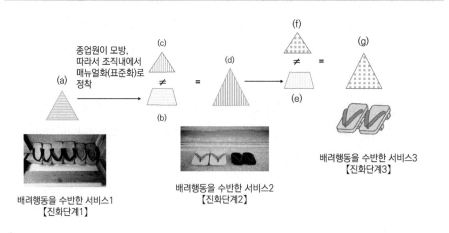

출전: 福島規子(2018). 「ハイコンテクストサービスの学習 - 高額小規模旅館の接客研修を 事例として」『立教大学観光学部紀要』3月第20号, pp.83-94를 기초하여 작성.

(a) 손님의 슬리퍼를 일렬로 나열해 두는 것은 '배려행동을 수반한 서비스1' 이다. 고객으로부터 좋은 평가를 받으면 다른 종업원도 모방하거나 조직의 매뉴얼화를 통해 '표준화된 서비스'가 된다.

(b) 이 표준화된 서비스에 한 컬레씩 간격을 두고 정리해 두는 '배려행동'을 더하면 (c)는 새로운 '배려행동을 수반한 서비스2'로 진화한다. 서비스는 (d)로 정착된다. 거기에 사람의 신체적인 좌우 다리가 약간 벌어져 있는 것을 생각해 진화시켜 나간다. 기존의 (e)에 좀 더 배려한 (f)를 수반하므로 [진화단계3]으로 진화된다. 서비스는 결국 (g)로 정착된다.

이렇게 배려 행위를 수반한 서비스는 형식지(形式知)화 되어 매뉴얼화 되고, 조직이 제공하는 표준화된 서비스로 규격화 된다(福島, 2018).

고객들이 불편함을 느끼고 도움을 원하는 상태에서의 접객종업원의 행동을 원조행동(helping behavior)이라고 하고, 고객이 불편을 느끼는 상황이 아닌데도 불구하고 고객이 좀 더 기분 좋은 서비스 환경이 되도록 행하는 것을 배려행동(considerate behavior)이라 한다. 이러한 배려행동은 어떤 상황에서 종업원의 행동으로 나타나는지 또한 그러한 행동을 어떻게 서비스기업은 매뉴얼화해 가는 것인지 살펴보자. 하이 컨텍스트 서비스는 고객의 상황에 따라 또는 서비스 접객 종업원의 판단에 의해 표준화·매뉴얼화된 서비스를 그대로 제공하는 것이 아니라, 서비스가 표준화되어가는 과정을 확인하여 '서비스의 의미'를 한 번 더 생각하는 것이다.

사회심리학의 **친사회적 행동**(prosocial service behaviors)에 관한 이론은 배려행동과 일맥상통한다. 이는 일본의 서비스현장에서는 자주 발견할 수가 있다. 친사회적 행동에 곤란에 처한 사람에게 도움을 주는 원조 행동과 도움이 필요하지 않지만 그 사람을 기쁘게 하려고 행하는 배려행동이 있다.

그럼 어떻게 배려행동이 진화하여 서비스 설계화(매뉴얼화) 되어 가는지 좀 더 알기 쉽게 사례를 들어 보겠다. 위에서 보이는 슬리퍼 배려행동과 마찬가지로 객실에 놓여 있는 색깔이 다른 칫솔도 처음에 일본의 료칸에서 시작되었다고 한다. 료칸의 주인은 투숙 중인 고객들이 숙박 중에 칫솔이 섞이지 않도록 서로 헷갈리지 않기 위해 사용한 칫솔을 두는 장소를 여기저기 다르게 하는 모습을 보고 칫솔의 색깔을 다양하게 하였다. 흰색, 파란색, 분홍색 등의 다양한 색깔의 칫솔을 처음부터 구비해 두면 간단히 해결될 문제인 것이다. 다양한 색깔의 칫솔을 미리 구비해 둔 주인의 배려는 쾌적하게 투숙하기를 바라는 제공자의 서비스표현이다. 이러한 오너의 배려는 고객들에게 높게 평가받고 시간의 흐름에 따라 다른 료칸/호텔에서도 도입하게 되며 일반화된다. 처음에 다양한 색깔의 칫솔은 고객들이 자기의 칫솔에 신경쓰는 불필요한 시간과 불쾌감을 줄이고 좀 더 료칸 주변의 계절과 정원의 자연을 즐기기를 바라는 주인의 마음의 표현이었는지 모르겠다. 하지만 칫솔의 색깔을 다양하게 배치하는 서비스표현이 지금은 전 숙박시설의 코모디티(commodity)화 되었다. 서비스표현이 서비스 퀄리티로 직결되는 과정을 엿볼 수 있다.

접객현장에서 많이 들려오는 이야기 중에 하나인 **"고객에게 물어보지 마라, 고객을 주의 깊게 보라"**라는 말은 관찰력을 의미하는데 이 능력은 오모테나시에 있어서 불가결한 능력 중 하나이다. 이와 같은 고객을 향한 **배려행동의 진화**가 일본의 서비스가 높은 평가를 받는 원천인 듯하다.

위와 같은 배려행동을 지식경영에 대응해 볼 수 있다. 지식경영으로 유명한 노나카(野中) 교수에 의하면 일본기업의 성공은 암묵지를 형식지로 전환한 것에 있다. 그는 SECI Model로 기업이 갖고 있는 지식은 개인의 노하우를 갖고있는 것으로, 주관적이고 언어화하기 어려운 암묵지(tacit knowledge)와 언어로표현할 수 있는 형식지(explicit knowledge)의 2종류로 분류할 수 있다고 했다. SECI Model은 암묵지를 형식지로 창출하는 프로세스를 보여주는 것이다.

SECI Model을 간략하게 설명하면 다음과 같다.

사회화(Socialization): 경험을 공유하여 다른 사람에게 암묵지를 전하는 지식창출과정

표출화(Externalization): 암묵지를 명확하게 언어화(형식지로 전환)하고 전달하는 과정

연결화(Combination): 형식지의 조합으로 새롭게 형식적 지식을 만들어 내는 과정, 매뉴얼 작성

내면화(Internalization): 연결화된 형식지를 실제로 활용해 보는 과정에서실천하는 사람에게 암묵적 지식이 습득되는 과정

[그림 5] SECI 모델

암묵지(tacit knowledge, 暗黙知)　　암묵지

| 사회화 Socialization | 표출화 Externalization |
| 내면화 Internalization | 연결화 Combination |

암묵지　형식지

형식지(explicit knowledge, 形式知)　　형식지

출전: 野中郁次郎・竹内弘高(1996). 『知意創造企業』. 東洋経済報社.

필요에 의한 헬프서비스가 아닌 배려서비스가 일본적 서비스로 보이는 이유

는 무엇일까?

　전 세계적으로 고객시점에서 고객이 좀 더 편리하게 사용하도록 유저빌리티 (usability)라는 말이 보편화되고 있다. 하지만 일본은 학문도 비즈니스도 자기가 즐기는 것에서부터 새롭고 재미있는 일들이 생긴다는 것을 오래 전부터 몸으로 익히고, 그것을 현장에 적용하는 것이 몸에 밴 듯하다. 우리 조상들도 풍류를 사랑하고 좀 더 여유롭고 멋스러움을 즐겼지만, 그런 시대는 이제는 더 이상 찾아보기가 어려워진 듯해 안타깝다. 하지만 일본은 아직도 그러한 멋을 중시한다. 일본어에 아소비코코로(遊び心)라는 말이 있는데, 즐기라는 의미를 담고 있다. 아소비=유(遊)는 사람이 즐거움을 느낀다는 것이며, 그 즐거움은 새로운 것을 만날 때 느끼는 것이라고 한다. 새로운 것, 즉 창의「創意 = 새로운 것에 생각이 머문다」와 만나는 때라는 것이다(山根, 2001). 하지만 야마네교수는 놀 때마다 무엇인가 새로운 것이 나오는 것이 아니기 때문에 창의(創意)라고 하지 않고 즐긴다라고도 하고 때로는 신기성(新奇性, novelty)이라고도 부른다. 창의력이라든지 새로운 발상을 요구하고 있는 시대에 우리는 즐기는 것을 좀 더 배울 필요가 있을 것이다. 문제는 이렇게 노는 것도 늘 같은 모습이면 지겨워지고 만다. 신기성(新奇性, novelty)의 개념은 과거의 경험과 현실에 대한 인식의 차이에서부터 설명할 수 있다(山根, 2001).[8] 예를 들어 사람이 여행을 하는 이유는 일상과 다른 새로움을 추구하기 때문이라고 한다(Crompton,1979).[9] 그러므로 신기성은 장소의 매력(이문화)으로 인식되어 신기성을 만날 수 있는 곳에 대한 선호도가 높아지기도 할 것이다. 이와 같은 새로운 것, 조금씩 변화하는 것이 가장 잘 나타나는 부분이 일본의 식문화이며 모노츠쿠리일 것이다.

8　山根節(2001). 『エンタティメント発想の経営学』. ダイヤモンド社.

9　Crompton, J.L. (1979). An Assessment of the Image of Mexico as a Vacation Destination and the Influence of Geographical Location upon the Image. Journal of Travel Research, 18, 18-23.

◉ 이(타)문화 이해의 프레임워크

지금까지 일본인을 상대해 왔던 오모테나시가 외국인에게도 문제없이 통용될 수 있을 것인가? 실제로 방일외국인의 증가와 함께, 외국인들이 어떻게 오모테나시를 받아들이고 있는지 일본인도 궁금해하기 시작했다. 더불어 현대의 젊은세대는 거의 외국인과 비슷한 수준의 인식을 갖고 있다고 해도 과언은 아닐 것이다.

흥미로운 연구조사를 한 편 소개하겠다. 오사카대학의 경제학부 학생 반노(番野, 2017)[10]팀은 급격히 늘어나는 방일외국인들을 대상으로 일본적 서비스(오모테나시)가 외국인들에게 어떻게 평가받고 있는지 알아보기 위한 앙케이트를 실시하였다. 우선 독자적으로 문헌조사를 통해 일본의 대인 서비스를 7개의 차원으로 분류하여(거리감, 인적특징, 말하는 법, 지식, 임기응변의 정도, 배려·정중함, 서비스실패에 대한 리커버리정도) 설문지를 작성하였다. 각 국가별 문화는 홉스테드(Geert Hofstede)[11]가 제창한 국민 문화차원 중 4차원을 활용했다. 권력거리(power distance), 집단주의(collectivism)-개인주의(individualism), 여성스러움(femininity) -남성스러움(masculinity), 불확실성의 회피성정도 (uncertainty avoidance)의 척도를 사용하여 실질적으로 국가별로 일본의 오모테나시 서비스를 어느정도 수용하는지를 검증하였다. 홉스테드(2013)는 "문화란 늘 집합적인 현상이다. 왜냐하면 같은 사회 환경 속에서 살고 있는 사람들은 그 환경의 기본적 문화를 학습하고 있기 때문이라고 정의하고 있다. 적어도 부분적으로 같은 문화를 공유하고 있다고 하였다. 문화는 집합적인 인간의 마음에 새겨진 프로그램이며, 그 프로그램은 집단에 의해 또는 사람들을 카테고리화하는 것으로 달라질 수 있다"라고 말했다. 이러한 이론과 더불어 세계적인 글로벌회사 IBM사원을 대상으로 다국적기업의 각국의 국민문화를 분류하였다. 물론 IBM에 속한 사원이 각 나라를 대표할 수 있는가에 대한 비난도 뒤따랐다.

여기에서 사용한 홉스테드의 네 가지 개념을 간단히 설명하면 다음과 같다.

10　番野洋輔ら(2017).「おもてなし再考」『大阪大学経済学』. Vol.67(1), pp.32-33.
11　Greert Hofstede(2013). 『多文化世界』. 有斐閣.

- 권력거리(power distance) 문화는 국가의 제도나 조직에 있어서 권력이 약한 구성원이 권력이 불평등하게 분포되어 있는 상황을 예기하고 받아들이는 정도이다. 권력거리 격차가 크면 조직문화는 상사의 결정에 의존하게 된다. 반대로 권력거리 격차가 적으면 부하는 편하게 상사를 대하며 반대 의견을 내놓는 것도 가능하다.
- 개인주의(individualism)—집단주의(collectivism) 문화는, 개인주의는 개인의 이해가 집단의 이해보다 우선시된다. 반면, 집단주의는 팀워크를 의식하며 팀으로서 퍼포먼스를 향상시키는 것에 중점을 둔다.
- 여성스러운(femininity) 사회—남성스러운(masculinity) 사회의 비교에서 남성위주의 사회는 급여의 차이, 승인, 승진 등이 중시되는 반면 여성스러운 사회는 상사와의 관계, 협력, 고용의 보증 등이 중시된다.
- 불확실성 회피문화(uncertainty avoidance)는 불확실한 상황과 방법에 대하여 위협을 느끼는 정도를 설명한다. 불확실성 회피문화가 강한 사회는 기발한 아이디어나 행동을 억제하고 혁신에 대한 저항이 있다. 반면, 불확실성 회피문화가 약한 사회는 애매모호한 상태에 있어도 위험감지가 느슨하다. 기발하거나 혁신적인 아이디어에 대해서도 관용적이다.

반노(番野ら, 2017)팀이 실시한 방일외국인들이 어떻게 오모테나시를 평가하는지에 관한 조사 결과는 상당히 흥미롭다. 분석결과를 간단히 소개하면, 먼저 전체 샘플은 외국인 226명(그중 28명은 무효)을 대상으로 한 분석결과이다. 해당 앙케이트는 국적별 일본적 서비스에 대한 평가가 다르다는 것을 검증했다.

'개인주의' vs '집단주의'의 차원에서는 다음과 같은 결과가 나왔다. 개인주의 성향이 강한 미국, 오스트리아의 관광객은 무리하게 거리감을 좁히기보다는 그 사람의 기분을 존중하는 방향으로 서비스를 제공하는 것이 효과적이다. 한편, 집단주의가 강한 문화의 대만이나 인도네시아의 사람들은 적극적으로 그 사람과의 거리감을 좁혀 접객을 하는 것이 좋다.

다음으로 '여성스러움이 강한 나라' vs '남성스러움이 강한 나라'의 경우, 여성스러움이 강한 스웨덴이나 네덜란드의 고객에게는 종업원의 성별이 한쪽으로 편중되지 않는 것이 중요하다. 한편, 남성스러움이 강한 나라로 대표되는 오스트리아나 베네수엘라의 경우 여성종업원의 적극적인 등용이 유효해 보인다.

'권력거리 격차가 큰 나라' vs '권력거리 격차가 적은 나라'의 경우, 격차가 큰 나라인 말레이시아나 필리핀의 경우 정중한 말(낮은 자세)과 행동으로 접대하는 것이 바람직하며, 권력격차가 적은 뉴질랜드나 덴마크 사람들에게는 고객과 종업원이 대등한 관계에서 서비스를 제공하는 것을 의식해야 한다는 분석결과가 나왔다.

'불확실성의 회피도가 강한 나라' vs '불확실성의 회피도가 유연한 나라'의 경우, 불확실성의 회피도가 강한 나라인 벨기에, 러시아 사람들의 접객에 있어서는 매뉴얼대로 정해진 순서에 맞추어서 접객하는 것이 유효해 보인다. 한편 홍콩, 싱가포르와 같은 불확실성의 회피도가 유연한 나라의 사람에 대해서는 상황에 맞는 임기응변식 대응이 유효하다는 결과가 나왔다.

기존의 고객(顧客=customer) 중심의 생각에서 한 발 더 나아가 한 사람 한 사람의 특정 고객(個客=Personal)을 이해하는 것이 중요해 졌다. 물론 서비스현장에서 고객 한 명 한 명에 꼬리표를 붙이고 진정으로 특정 고객을 대응하는 것이 쉬운 일은 아니지만 어느정도 지식을 공유하는 일은 필요하다. 국제화 시대에 있어서 이(타)문화의 이해는 매우 중요한 요소이다.

Chapter

03

장수기업 대국 일본 =
비즈니스 지속성의 근본은?

Chapter 03
장수기업 대국 일본 = 비즈니스 지속성의 근본은?

현대 사회는 VUCA(뷰카)시대라고 불리고 있다. 변동성(Volatility), 불확실성(Uncertainty), 복잡성(Complexity), 애매모호성(Ambiguity)의 머리글자를 따서 VUCA이다.

자본주의와 글로벌화, 테크놀로지의 진화, SNS의 파워, 더불어 인공지능(AI)과 로봇의 진화에 의해 사회와 비즈니스 환경은 훨씬 복잡해지고 불투명해졌다. 이러한 현재의 경영 환경 속에서 수백 년간 혹은 수십 년 동안 비즈니스를 유지해온 시니세(老舗, 노포)의 서비스의 전승과 계승에 대하여 이야기하고자 한다. 저자가 오모테나시경영에 주목하는 중요한 요소 중 하나는 고객과의 **장기적인 관계성 구축**이다.

테이코쿠 데이터뱅크(帝国データーバンク)에 의하면 일본은 100년 이상 유지해 온 기업이 2023년 현재도 늘고 있는 상황이다. 코로나19로 인한 전 세계 팬데믹이라는 초유의 위기에도, 100년 이상의 기업은 오히려 늘어났다. 2022년 8월 시점 4만 409사가 존재한다. 이러한 시니세 기업은 특히 BCP(Business Continuity Plan); 지속적 비즈니스 플랜 책정률이 높고 위험에 대한 인식도 높은 것이 특징이다. 긴급사태는 예고없이 발생한다. 발생 시 손을 쓸 수 있도록 준비를 하지 않으면 특히 경영기반이 약한 중소기업은 심각한 상황에 직면할

수 있다. 체력이 약한 기업은 작은 리스크에도 도산으로 이어질 수 있기 때문이다. 또는 사업축소, 종업원 해고 등을 하지 않으면 안 되는 상황도 생각해야 한다. 이러한 사태를 회피하기 위해서는 평상시부터 BCP를 주도면밀하게 준비하여 사업의 신속한 회복을 이뤄야 한다. 기업이 고객의 신용을 유지하고 시장 관계자로부터 높은 평가를 받으면 이것은 기업가치의 유지·향상으로 연결된다. 시니세의 성장법칙은 창업철학을 살린 경영과 전통과 혁신의 균형을 유지하는 것이다.

일본에서는 시니세 브랜드라는 말이 있을 정도로 시니세를 높게 평가하고 있다. 시니세란 선대로부터 물려받은 비즈니스를 지속적으로 전개하고 있기 때문에 그 분야에 있어서 지식의 축적뿐 아니라 주변의 신용도(신뢰)도 높다. 주변의 신용도가 은행과의 관계에도 유리하게 작용하기도 한다. 또한 경영에 있어서 상당히 보수적인 경향을 보인다는 특징이 있다.

◐ 역사와 함께 살아가는 시니세[老舗]

세계적으로 장수기업이 많기로 유명한 일본에서 가장 오래된 기업은 절을 건축하는 곤고구미(金剛組, 오사카)이다. 그 다음은 이케바나(꽃꽂이) 교실인 이케노보(池坊, 교토)로 전 세계에 꽃꽂이교실을 전개하여 전수하고 있다. 세 번째가 705년에 창업한 료칸업인 니시야마온천 케운칸(慶雲館, 야마나시현)이다. 천년 기업이라고 불리는 세 곳을 저자는 운 좋게 모두 직접 눈으로 확인할 수 있었다.

왼쪽부터 천년을 이어가는 기업. 화도의 이케노보(교토), 케운칸(야마나시), 곤고구미(오사카)

기업별로 100년 이상 비즈니스를 유지해온 업태를 살펴보면, 오래전부터 지역을 중심으로 임대업이 1,245사, 일본술 양조장 893사, 료칸/호텔이 738사로 상위를 차지하고 있다.

[표 1] 100년 이상 장수기업의 업종별 순위

순위	업종	시니세기업수
1	임대사무실	1,245
2	청주제조(양조장)	893
3	료칸/호텔	738
4	주류소매업	687
5	일반토목건축공사	621
6	기모노판매	612
7	목조건출공사	597
8	토목공사	596
9	부인/아동복소매	582
10	주류도매업	562

출전: 테이코쿠데이터뱅크(2022). 「全国「老舗企業」分析調査」 (https://www.tdb.co.jp/report/watching/press/pdf/p221003.pdf).

이러한 전통을 어떻게 유지해 왔을까? 일본의 시니세 기업 경영자는 시니세를 유지하기 위해서는 몇백 년의 역사가 내일(미래)도 지속될 것이라는 안일함을 버려야 한다고 강조한다. 시니세가 중요시하는 것을 한 글자의 한자로 표현한다면 어떤 글자인지를 조사한 결과, 믿음(信)을 가장 중시하고, 그 다음으로 진심(誠)을 담는 것, 지속성(継) 등과 함께 変(변하다)의 순서였다.

[표 2]   100년을 이어온 기업이 중요하다고 여기는 한자를 한 글자만 적는다면?

❶	信	197社	믿음, 언행일치	信用: 믿음을 갖다 信頼: 믿고 의뢰하다
❷	誠	68社	한번 약속한 말은 고집스럽게 지키는 일, 진심	誠実: 진심으로 誠意: 마음이 한결같다
❸	継	31社	이어간다, 계속된다, 받아 다음세대에 전한다	継承: 물려받아 이어간다 継続: 이전 것을 지속시킨다
❹	心	28社	심장, 인간 정신활동의 근본, 뜻, 숨쉬다	真心: 거짓없는 마음 良心: 인간고유의 착한 마음
❺	真	24社	진심, 정말, 진짜	真摯: 진면목, 진심 真理: 진심의 도리
❻	和	23社	포용한다, 안정된다, 일본	平和: 전쟁이나 분쟁이 없는 평온한 상태 和風: 일본 스타일
❼	変	22社	새롭게 한다, 전혀 다른 것이 된다, 변한다	変化: 변화하는 것 変身: 모습이 변하는 것
❽	新	22社	새로운 것, 처음	新鮮: 청결한 모습, 청렴결백 革新: 옛것을 새로운 것으로 바꾸는 것
❾	忍	19社	남모르게 참는다, 참다, 그리워하다	忍耐: 참아 내는 것 忍性: 천성을 눌러 참는 것
❿	質	18社	기원, 근본, 처음 생긴 그 모습	質素: 꾸밈이 없는 것 品質: 물건의 질

출전: 테이코쿠데이터뱅크(2009). 『百年続く企業の条件』. 朝日新聞出版.

　일본 전국 시니세의 매출 규모는 연 1억엔 미만이 44.9%, 1억~10억엔 미만이 36.0% 정도이다. 10억~100억엔 미만이 11.9%, 100억~500억엔 미만이 3.1%, 500억엔 이상이 0.6%를 차지하고 있다. 시니세는 규모를 키우지 않고, 확장보다는 축적과 깊이를 중시한다.

◐ 에르메스의 라이벌 기업이 도라야[虎屋]라고?!

세계적인 브랜드 에르메스(HERMES)의 전 부사장, 사이토(齋藤) 씨는 그의 저서 『시니세의 유의, 도라야와 에르메스』(2016)[12]에서 에르메스의 진수(眞髓)는 물건을 만드는 데 있다고 하면서 라이벌 기업으로 생각하는 곳으로 일본의 시니세 화과자집 '虎屋(도라야)'를 지목했다. 상당히 의외의 대답이었다. 도라야는 어떤 기업일까?

도라야(虎屋)는 480년 무로마치후기에 교토에서 창업하여 고요유세이텐노(御陽成天皇) 재위 중(1586~1611)부터 왕실에 화과자를 제공하였으며, 1860년 황실의 도쿄로의 환도와 함께, 교토의 가게를 그대로 도쿄로 진출하게 된다. 1879년 도쿄 아카사카에 가게를 열어 주문 판매를 시작했고 1923년 관동대지진 때 점두판매를 개시하게 된다. 1962년 처음으로 백화점에 진출했으며 1980년 파리에 'TORAYA CAFÉ'를 오픈하여, 유럽인들의 입맛을 맞추는 데 15년이 걸렸다고 한다. 2022년 판매액은 172억엔, 종업원은 879명이다. 코로나19로 인해 판매액과 종업원 수가 감소했다. 와가시(和菓子, 화과자)를 통해 일본문화를 해외에 전파하고자 적극적으로 글로벌시장을 시야에 넣고 검토 중이다.

현재 17대 구로카와(黑川) 씨가 생각하는 시니세 기업이란 가업(家業) 대대로 물려받아온 것들을 지속해 간다는 전제로 비즈니스를 하고, 자신의 대(代)에서 돈을 벌어 행복해지면 그만이라는 한정적인 생각은 하지 않는 것이다. 선대에서 물려받은 재산을 활용하면서 그 시대에 맞추어 사업을 실천하고 다음 세대에 넘겨주는 것이 생업(生業)이다. 경영자뿐만 아니라 종업원들에게도 이러한 시니세의 사명감이 전파되며 종업원 전원이 '한 가족(一家)=패밀리' 화 되어 간다. 전원이 같은 방향을 바라보며 일하고 있다는 느낌이 자연스럽게 우러나오며, 그러므로 기업과 종업원의 관계가 가까워지고 밀접해진다. 구로카와씨는 "인터뷰에서 자주 받는 질문 중에는 긴 역사 속에서 기업을 유지하는 데 있어 '변화해야 하는 것'과 '변화하지 말아야 할 것'의 판단을 어떻게 결정하며 현재까지 지속시켜 왔는가?라는 질문이 있는데, 변화시켜야 하는 것, 변화하지 말아야

12　黑川 光博. 齋藤 峰明(2016). 『老舗の流儀虎屋とエルメス』. 新潮社.

할 것을 판단하는 것은 그렇게 간단히 생각하고 대답할 수 있는 일이 아니다. 솔직히 말하면 잘 모르겠다. 그때그때 진중하게 검토하고 생각하여 판단한 결과로 **기업이 지속성**을 갖고 이어지는 것뿐이다"라고 말한다. 그럼 "맛은 옛날 그대로입니까?"라는 질문도 자주 받는데 구로카와씨는 맛이라는 것은 늘 **변화하는 것**이라고 한다. "지금 드시는 분들이 '맛있다'고 인정해 주지 않으면 안 된다. 오늘의 맛과 내일의 맛이 다를지도 모른다. 적어도 수십 년 전과는 다를 것이다. 하지만 실제로 어느 정도 달라졌는지를 확인해 보면 사실상은 그다지 크게 변화하지 않았다. 왜냐하면 처음에 만들었을 때 상당히 높은 수준이었기에 하루아침에 그 수준을 넘는 것은 매우 어려운 일이기 때문이다. 도라야는 '맛있다'라고 변함없이 손님에게 평가받을 수 있도록 끊임없이 노력해 왔다. 그 결과 그다지 큰 변화없이 지금까지 올 수 있었다."

　시대의 변화에 대응하면서 도라야스러운 맛있음을 추구할 수 있는 것은 연구소에서 현재 고객의 입맛을 수치화하고 있기 때문이다. 이 데이터는 시대에 유연하게 대응할 수 있는 든든한 중추가 되고 있다. 이러한 유연성은 도라야가 시대의 트렌드를 추종하는 것이 아니라 본질이 좋은 것인지 아닌지를 추구해 왔다는 증거이다.

　도라야는 2001년부터 고령자 전문병원에 환자와 보호자를 위해 화과자를 증점하는 이벤트를 실시하고 있다. 「인생의 최후까지 맛있게 드실 수 있는 양갱」을 고령자가 좀 더 부드럽고 삼키기 쉬운 화과자로 수년에 걸쳐 개발하는 과정에서, 본사 젊은 직원들은 고령자를 이해하도록 시뮬레이션 교육을 받으며 노인들의 신체를 이해하고 마음까지 따뜻해진다고 한다. 이 일화는 도라야**스럽다**는 것이 무엇인지 생각하게 한다.

　그럼 다시 처음의 의문으로 돌아가 보자. 왜 에르메스가 도라야를 라이벌 기업으로 지목했을까? 에르메스는 LVMH같은 럭셔리 브랜드처럼 국제적인 다양한 회사를 매수·합병하는 콩글로머리트(conglomerate)를 목표로 하지 않는다. 따라서 500년 이상 지속적 비즈니스를 유지하는 시니세의 경영자세에서 자신들의 기업 목표를 엿볼 수 있었던 것은 아닐까?

▶ 천년간 지속적으로 비즈니스를 하는 비책

여러분들은 일본의 디테일한 서비스에 감동한 경험이 있는가? 많은 사람들이 일본에서 포장의 섬세함, 물건의 진열, 단순히 사람들의 친절뿐만 아니라 고객을 대하는 태도에서 세심한 배려를 느낀 적이 많다고 한다. 고가의 고품질 서비스현장에서 섬세한 서비스는 어쩌면 당연한 것이다. 하지만 지난달 저자는 대형 쇼핑몰에서 쇼핑을 마치고 한 그릇에 7천원쯤하는 대중식당에 라면을 먹기 위해 들어갔다. 대형 슈퍼마켓 안에 있는 중국집의 대응은 상당히 흥미로웠다. 저자는 자리를 잡고 자연스럽게 앉아 맞은편에 종이가방을 놓아 두었다. 그때 종업원이 조용히 종이쇼핑백을 천으로 가려주었다. 물론 사전에 고객의 의사를 타진하는 과정은 없었다. 손님들의 회전율이 빠르고 혼잡한 가게이므로 한 사람 한 사람 고객의 의사를 물어가며 행동하기에는 종업원 수나 시간적 효율성이 떨어진다고 판단했을 것이다. 하지만 운반도중에 라멘국물이 종이 가방에 튈 수도 있고, 종이 사이의 물건에 국물이 한 방울이라도 들어간다면 서로 얼굴을 붉히는 일이 발생할 수도 있을 것이다. 이런저런 상황상 싫어하는 손님은 없으리라 판단하고 결정한 듯하다. 손님을 어떻게 이해하고 종업원 스스로 행동할 것인지를 일반 식당에서도 잘 볼 수 있었다. 이러한 일상적인 습관이 일본의 세심한 고객서비스로 발전했을 것이다. 그러면 이러한 종업원의 행동은 어디에서 나오는 것일까? 외국인 경영자들은 일본 고유의 습관이나 문화라고 말한다. 어느 정도는 맞는 말이다. 사람의 행동에는 그 나라 특유의 문화가 확실히 묻어 있다. 하지만 비즈니스현장에서 종업원의 행동은 부단한 훈련 및 현장을 면밀하게 본 결과에 더 가깝다.

출전: 저자촬영.

　그렇다면 어떻게 현장을 분석하여 서비스설계로 이어갈 것인가? 몇백 년 비즈니스를 지속시키고 있는 경영자들의 입에서 자주 등장하는 말 중에 "매 순간의 변화 속에서, 이노베이션의 연속상에서 노렌[13]을 지켜왔다"라는 말을 자주 듣는다. 시대의 변화에 유동적으로 대응하지 못하면 결국 비즈니스를 지속하지 못한다. 요즘 한국에서도 많은 인기가 있는 닷사이(일본사케)에서 이노베이션을 들여다 보자.

CASE 사케의 상식을 깨다: 닷사이 23(니와리삼부)
98%의 매뉴얼과 나머지 2%가 모든 것을 결정한다!

　1948년에 야먀구치현에서 아사히슈조(양조장)는 창업한다. 현재 3대째 사쿠라이 사장은 전체 사케시장의 감소가 계속되는 실패의 연속선상에서 닷사이라는 빅 히트 브랜드를 탄생시키고, 1984년에는 부친의 뒤를 이어 24살에 가업을 계승하게 된다. 1억엔 매출의 양조장이 2016년에는 108억엔까지 성장, 2022년에는 코로나19였음에도 오히려 집에서 술을 즐기는 경향 때문에 사람들이 늘

13　상점 입구의 처마 끝이나 점두에 치는 상호나 가몬(家紋)이 그려진 천이다. 노렌이 가게에 걸려 있으면 영업을 한다는 뜻이고 영업을 마치면 반드시 걷어서 들여다 놓고 소중히 보관한다. 일본에서는 선대의 뜻을 계승하여 비즈니스를 지속하는 것을 '노렌을 지킨다'라고 하고, 자신의 상점 영업에 있어 신용 문제가 발생하면 '노렌에 흠집이 생겼다'라고 표현한다. 또한 그 가게가 맛있고 인기 있을수록 많은 사람의 손때가 묻어 노렌이 더러워지기에 옛날에는 지저분한 노렌이 맛집의 기준으로 사용되기도 했다.

어 164억엔까지 성장했다. 그의 성공 신화는 기존의 전통적 제조 방식을 탈피하여 혁신에 가까운 시스템을 구축하는 이노베이션에서 시작된다.

니혼슈(사케)은 기본적으로 한 곳의 사카구라(酒蔵=양조장)에 1명의 도우지(杜氏=발효균을 섞어 술을 만드는 장인)가 존재하여 그 집의 술맛을 결정하는 시스템으로 되어있다. 야구로 비유하면 사카구라는 구단주이고 도우지는 감독인데, 감독이 전체 선수의 사령탑이다.

세계적인 사케 브랜드로 성장한 닷사이의 성공비결은 기존의 사케양조방식인 도우지의 존재를 데이터화하여 누구든지 도우지가 될 수 있도록 시스템화한 것에 있다. 수십 년간의 사케를 양조하면서 모은 데이터를 가지고 수분비율, 공정의 온도 등을 소수점 이하까지 맞춰가며, 닷사이가 추구하는 '취하는 술, 팔기 위한 술이 아닌 맛있는 술'을 만들어내고 있다. 닷사이에게 **사케를 빚는 것은 꿈을 빚는 것이다.**

[표 3]   일본술의 특정명칭 분류

정미비율		혼조조술(本醸造酒)	준마이술(純米酒)	보통술
	원료	쌀, 쌀누룩, 물, 양조알코올 (백미순중량의10% 이내)	쌀, 쌀누룩, 물, 알코올증류 없이 누룩(麴)을 부려 효소를 배출	쌀, 쌀누룩, 양조알코올 (백미총중량의 10%이상) 그외의 원료 일반 양조알코올의 사용량이 많고, 정미도정비율도 높음
규정없음		-	준마이(純米酒)	
70%이하		혼조조(本醸造酒)	준마이(純米酒)	
60%이하		특별혼조조 (特別本醸造酒)	특별 준마이 (特別純米酒)	보통술(普通酒)
		긴조(吟醸酒)	준마이긴조 (純米吟醸酒)	
50%이하		다이긴조(大吟醸)	준마이다이긴조 (純米大吟醸酒)	닷사이는 이곳!

출전: 桜井博志(2017).『勝ち続ける「仕組み」を作り獺祭の口ぐせ』. KADOKAWA.

정미율(쌀을 깎고 남은 비율) 기준 각각 23%, 39%, 50%의 제품은 모두 일본 최고 등급인 '준마이 다이긴조'에 속하는데, 이는 양조장이 2,000여 개나 되는 일본에서도 극히 드문 경우로 알려져 있다. 쌀을 50%로 도정하는 데 30시간 정도 걸린다. 거기에 **23%까지 도정**하는 데는 75~80시간이 걸린다. 시간적으로도 많이 소요되는 작업이다. 이러한 도정에 대한 집념은 기존의 한계(쌀이 부서지지 않도록)를 극복하여 특유의 맛을 낼 수 있도록 한다. 닷사이는 25%에서 2%를 더 도정하기 위한 **도전정신과 맛을 위해 당연히 해내야 한다는 철학**이 있어서 버틸 수 있었다고 기록하고 있다. 사쿠라이 사장은 일본 사케마켓의 매출이 저조한 원인으로 업계가 전통을 고집하고 있는 점에 주목하고 있다. 일본술의 기존 사이클을 생각하면 12월에서 3월 사이에 술을 빚어야 하지만, 닷사이는 한정된 시기에만 술을 빚는 기존의 시스템을 탈피하여 1년 내내 사케를 만들 수 있는 온도관리가 가능한 새로운 시스템을 구축했다. 이렇게 만든 사케는 720ml 한 병에 알코올 도수 16~17%로 사케 전용 쌀인 야마다니시키를 사용해 화려한 향과 부드러운 맛이 조화를 이뤄 맛의 깊은 여운을 준다. 특히, 닷사이 대표 제품 '니와리 삼부'는 기존에서 2% 더 도정한 정미율이 특징인데, 정미율이 낮을수록 좋은 등급이다. 하지만 도정에는 한계가 있어 잘못하면 쌀이 부서져 가루가 된다. 이처럼 최고의 닷사이는 최고의 원료로 최상의 컨디션을 구축하고 술 본연의 맛에 대한 철학이 있어 성공할 수 있었다.

2018년 4월 닷사이는 로뷔숑과 함께 파리 8구에 '닷사이 조엘 로뷔숑'을 개장했다. 사케는 신선도가 중요한 술임에도 불구하고 제대로 된 사케 맛을 전 세계인에게 알리겠다며 파리에 도전장을 던졌다. 보관이 잘못되어 본연의 맛을 잃어버리거나 저등급으로 취급 받을 위험을 기꺼이 감수한 것이다. 일본의 시니세는 프랑스 진출을 선호한다. 역시 전통적으로 문화에 대한 이해가 있는 지역을 선호하는 것일까? 프랑스 와인의 종류가 지역관광의 자원으로 일본사케도 지역마다 많은 양조장을 갖고 있어 지역관광 자원으로 손색이 없다. 이러한 면도 와인과 많이 닮아 있는 듯하다.

출전: 旭酒造제공, https://www.dassaistore.com.

▶ 고객기대를 관리하라!

고객기대란 어떤 서비스 성과(service performance)에 대해 고객이 갖고 있는 사전 신념(pretrial belief)으로 실제로 제공된 서비스나 제품을 평가하는 표준(Standard) 또는 준거(reference)가 되는데, 크게 희망서비스, 적정서비스, 그리고 허용영역으로 구성된다(이유재, 2000).[14] 고객구매를 유도하는 것은 고객의 니즈가 아니라 기대라고 한다. 고객의 기대는 예상서비스라고 말할 수 있는데 기업의 명시적인 서비스 약속, 묵시적인 서비스 약속, 구전 커뮤니케이션, 과거의 경험 등에 의해 형성되며 '이상적인 서비스' 수준은 개인적 욕구에 의해 균일하지만은 않다. 다시 말해 고객이 받고자 하는 서비스, 고객의 욕구와 희망이 고객이 원하는 서비스(wished-for)이며, 고객이 받아들일 수 있는 서비스의 '허용범위'는 서비스의 실패가 표면화되지 않는 정도이다. 마지막으로, 참고 받아들일 수 있는 '최저 수준'이란 고객불만 없이 수용가능하고 경험에 근거하여 예측되어지는 서비스 수준(predicted service)이다. 예측되어진 서비스 수준이란 고객이 비즈니스에서 해당 서비스를 받을 것이라 기대한 서비스를 말한다. 그러나 고객기대가 불만으로 이어질 것인가 아닌가는 참을 수 있는 최저수준에 영향을 받는다. 왜냐하면 희망하는 서비스는 축적된 경험에 기인하지만 일방적으로 참을 수 있는 최저수준은 상황적 요인에 의해 상하방향으로 움직이기 때문이다.

14 이유재(2000). 「고객만족 연구에 관한 종합적 고찰」 『한국소비자학회』, 11⑵, pp.139-166.

서비스의 허용범위는 참을 수 있는 최저수준의 변화에 의해 움직인다.

[그림 6]   고객의 기대수준

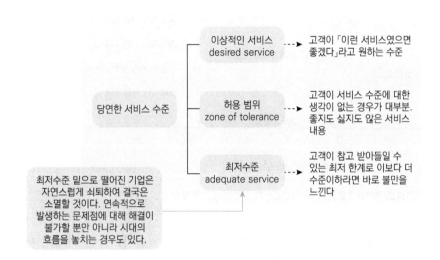

서비스 퀄리티의 조건과 고객만족의 조건은 매우 비슷하다. 우선 고객이 기업을 찾는 첫 단계에서 【고객 기대를 관리하는 것】은 중요한 과제이다. 만약 처음부터 고객의 기대를 없애 버리면 어떨까? 생필품을 제외하고 상품이나 서비스에 대한 기대가 없는데 구매 의욕이 불타오를지 생각해보면 해답은 간단할 것이다. 이러한 발상은 구매 자체의 치명적인 위험을 가져올 수도 있다. 그렇다면 기대는 어떤 구조로 되어 있을까?

스와(諏訪, 2009)는 고객의 사전 기대를 면밀히 살펴본다. 사전 기대를 이해함으로써 고객의 심리와 평가를 정확히 분석하여 질 좋은 상품을 제공할 수 있다. 그는 아무리 훌륭한 서비스라도 고객의 사전 기대에 못 미치면 서비스라고 인정할 수 없다며, [그림 7]처럼 정리했다.

[그림 7]   사전기대의 구성요소

출전: 諏訪良武(2009).『顧客はサービスを買っている』. ダイヤモンド社.

사전 기대를 구성하는 요소는 어떻게 구성되어 있을까? 사전 기대의 대상인 서비스의 내용, 품질, 가격 등에 서비스 제공자가 최선을 다해 제공하면 고객을 만족시킬 수는 있으나 감동까지는 이끌어 내기 어렵다. Goodman(2009)[15]은 『전략적 고객서비스』라는 책에서 고객만족과 고객 로얄티를 최대한 높이기 위한 방정식을 제안하고 있다. 첫 번째 스텝은 【처음부터 정확하게 실행할 것】, 즉 고객의 니즈와 기대를 일괄적으로 만족시키는 것이다. 또한 '트러블을 발생시키지 않기' 위해서는 효과적인 커뮤니케이션과 적절한 정보제공이 필요하다. 두 번째 스텝은 【고객의 질문과 트러블에 적확하게 대응할 것】이다. 종업원에게 충분한 지식과 스킬을 몸에 익혀 정착시킨 후에 그들 스스로 해결가능한 범위와 권한을 부여한다. 세 번째 스텝은 【고객의 질문과 트러블에 관한 데이터는 회사내의 관련부문과 공유할 것】이다. 트러블의 근본원인이 해결되지 않는다면 그 트러블의 재발 방지가 원천적으로 불가능하여 불만을 갖고 있는 고객은 증가할 것이고, 크레임 대응비용 또한 증가할 것이 뻔하다. 조직은 부(否)의 스파이럴에 빠질 것이다. 마지막 네 번째는 【커스터머 딜라이트(고객감동)를 만들어라】이다.

---

15 John Goodman(2009). Strategic customer service. Amacom Book.

서비스 기대수준에 영향을 주는 요인에는 내적요인(개인적 니즈, 매슬로의 인간 욕구에 대한 5단계, 관여도, 과거의 원인)과 외적 요인(경쟁적 대안, 사회적 상황, 구전), 상황적 요인(고객기분, 날씨, 시간적 제한), 기업요인(기업의 약속, 가격, 유통, 서비스종업원, 유형적 증거, 기업이미지)이 존재한다(Kurtz and Clow, 1998).[16] 무엇보다도 고객의 취향은 쉽게 변하기 때문에 기대를 충족시켜 고객만족을 지속시키는 일은 간단하지 않다. 따라서 고객유지를 위해 고객을 좀 더 깊이 이해할 필요가 있다.

예를 들어 비즈니스 호텔인 슈퍼호텔에 숙박하는 고객이 좀 더 딱딱한 베개를 요구하여 메밀 베개를 제공한다면 고객은 만족할 것이다. 하지만 그 고객은 요구한 상황에 대한 만족만 가능할 뿐 감동까지는 도달하지 못한다. 수개월 후 그 고객이 같은 호텔에 머물렀을 때 자기가 좋아하는 베개가 객실에 놓여 있다면 해당 대응은 고객에게 감동을 불러일으킬 것이다. 이러한 개별적인 사전 기대는 고객의 속성과 취향을 데이터 베이스(DB)화하여 관리하고 활용한 결과이다. 유연하게 대응이 가능하면서도 너무 많은 비용을 지출하지 않으면서 어디까지 서비스를 할 수 있을까? 이것은 경영자의 판단을 요하는 문제일 것이다.

[그림 8] 슈퍼호텔의 베개구성과 현황과 의도

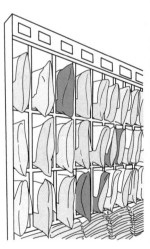

1. 폭신폭신한 폴리에스테르[쾌적한 수면베개] 낮고 부드러운 베개는 여성에게 인기가 있다.
2. 메밀껍질같은 하이프 「쾌적한 수면」
3. 신비로운 편안함·기분좋은 딱딱함과 높이 / 남성분들의 취향 / 호흡이 자연스러워 코골이가 해결되는 경우도 있다.
4. 신비로운 편안함·쾌적함(기분 좋은 딱딱함)
   중간높이: 처음으로 저반발 베개를 사용해 보시는 분에게 추천
5. 불가사의한 부드러움·안정맞춤의 딱딱함과 낮은 베개
   여성용으로 몸의 중력을 분산시켜 혈액순환을 촉진하며 목과 어깨근육을 풀어준다.
6. 불가사의한 부드러움과 쾌적한 수면베개(약간 딱딱하고 중간정도의 높이) / 청색: 저반발 소재를 사용하고 있어 압박감을 저감해준다.
7. 탈취효과와 통풍성발군의 챠고리브 베개 회색: 올리브의 활성화 탄소를 사용하여 마이너스이온효과가 있는 베개

16 Kurtz, I.D. and Kenneth E.Clow(1998). Service Marketing. NewYotk. John Weley & Son.

일본의 슈퍼호텔은 숙박에 특화된 호텔이다. 비즈니스 호텔보다 좀 더 저렴한 숙박요금으로 고품질의 서비스제공을 감동의 키워드로 하고 있다. 모든 고객을 만족시키는 것은 힘든 일이기 때문에 그들은 타깃(target)고객을 정하고 그 타깃에 맞는 컨셉을 결정하여 일본에서 가장 높은 고객만족을 유지한다. 슈퍼호텔은 먼저 카운터에 베개를 7종류 놓아두어 숙박객이 좀 더 질 좋은 숙면을 취하도록 서비스를 제공하고 있다. 이 호텔은 '1초라도 더 자고 싶은 고객', '1초라도 빨리 체크아웃' 하고 싶어 하는 숙박객의 마음에 대응하고 있다. 또한 「안전·청결·숙면」이라는 컨셉에 맞추어 이러한 세 가지를 충족시키지 못한 고객에게는 전액 환불하는 품질보증제도를 실시하고 있다. 최근 슈퍼호텔은 다양한 베개 체험을 통해 만족한 고객에게 베개 판매까지 실시하고 있다.

최근 일본의 비즈니스 호텔에서도 숙박서비스 본래의 서비스인 객실보다 숙면 과학화에 힘을 기울여 침실의 기능을 중시하는 호텔도 등장하고 있다. 앞서 [그림 7]에서 보여준 스와의 사전 기대 실행방법 중 세 번째에 해당되는 【상황에 따라 변화하는 사전 기대】의 대응은 좀 더 고도화된다. 서비스 환경, 계절, 기후, 시간대 등 상황의 변화와 함께 고객의 기대가 변해간다는 것을 인식하고 서비스 센스를 높이지 않으면 불가능한 일이다. 또한 잠재적인 사전 기대는 우리가 말하는 프로페셔널한 지식을 갖춘 프로 서비스이다. 프로는 많은 노하우와 감각을 필요로 한다. 마지막으로 고객의 서비스 관여(참여)도인데, 고객의 취향은 변화하기 쉽기 때문에 고객기대에 부응하거나 고객을 만족시키는 일은 간단한 일이 아니다. 따라서 끊임없이 고객을 이해할 수 있는 장치를 설치해 두어야 한다.

그럼 서비스 비즈니스의 현장에 있는 리더 경영자를 중심으로 그들이 어떻게 그들의 생각을 조직 내에 반영하여 운영하고 있는지 구체적으로 살펴보기로 하자.

▶ 다도에서 배우는 자세, 이케바나(꽃꽂이)에서 적재적소(適材適所)의 인재활용법을 배우다

최근 경영자들이 다도나 이케바나(IKEBANA, 生け花, 꽃꽂이)를 하는 이유에 관한 기사를 본 적이 있다. 다실이라는 갇힌 공간 속에서 밀담을 나누고 서로의 속마음을 알 수 있어 다도를 즐긴다고 하는 경영자가 많았다. 하지만 다도는 경영에 직접적인 영향을 주기보다는 정신력을 키우기 위한 자기투자에 가깝다. 다도의 정신을 한마디로 표현한 유명한 말 중에 와비차(侘び茶)를 완성시킨 다인 센노리큐의 「和敬清寂(와케이세이쟈큐)」라는 말이 있다. 뜻풀이를 해보면 다음과 같다. 다도는 4규(規)라고 한다. 서로 마음을 열어(和), 상대를 존경하고 경애(敬)하며, 눈에 보이는 것뿐만 아니라 마음속까지 깨끗이 하고(清), 어떤 상황에서도 동요하지 않는 차분한 마음(寂)을 갖는다. 이렇듯 다도는 이를 구현하기 위해 가능한 좁은 공간에서 엄격한 규칙에 따라 표현되고 있다. 아래는 다도의 4규를 구현하기 위한 일곱 가지 실천방안이다.

1. 차는 맛있게 끓여라(茶は服のよきように点て).

   - 주인(主)과 손님(客)의 마음이 일치

2. 숯불은 물이 끓도록 붙인다(炭は湯のわくように置き).

   - 그냥 숯불에 불만 붙인다고 물이 끓는 것은 아니므로 잘 붙여야 한다. 물이 끓도록 화력이 일정한지 본질을 잘 봐야 한다.

3. 여름은 시원하게 겨울은 따뜻하게(夏は涼しく冬は暖かに).

   - 계절감을 잘 표현할 수 있는 것으로 오모테나시에서는 손님을 생각하는 마음으로 오감을 사용하라.

4. 꽃은 들판에 피어 있는 것처럼(花は野にあるように) 꽂아라.

   - 들에 핀 꽃의 아름다움과 자연으로부터 받은 생명의 소중함을 말하고 있다.

5. 정해진 시각보다 빠르게(刻限ははやめに).

   - 마음의 여유를 가지고 어떤 상황에서도 차분하게 행동하라.

6. 비가 오지 않아도 우산을 준비해라(降らずとも傘の用意).

- 긴 안목, 세심한 배려로 차를 준비하는 마음가짐을 말하는 것이다.

7. 손님끼리 서로 배려하도록 하라(相客に心せよ).

- 앉는 자리(正客, 末客)가 달라도 같은 공간에 있으므로 서로 배려하는 마음을 갖도록 한다.

이렇게 복잡한 형식을 실행하게 되면 터득하는 마음이 있을 것이다. 그러나 경영에 직접적으로 도움이 되는 것은 다도가 아니라 이케바나(꽃꽂이)이다. 과연 어떤 면에서 이케바나가 경영에 도움이 될까?

일본에서 가장 오래된 꽃꽂이 이케노보는 현 500년을 넘는 역사와 전통을 자랑하며 국내 438개뿐만 아니라 해외 112개(29개국)의 꽃꽂이 교실(지부)을 통해 일본의 꽃꽂이를 전파하고 있다. 무로마치시대인 1462년에 교토의 현 육각당의 승려 이케노보 센케이(池坊專慶)가 [화전서]라는 꽃꽂이 이념을 확립했고 꽃꽂이는 천황가의 사랑을 받아 상류 계급에서 애호하게 되었다. 이후 메이지시대가 되면서 여학생교육에 채택되어 일반인들에게도 확산되었다. 그런가 하면 본격적으로 해외에 일본의 꽃꽂이를 적극적으로 전파한 사람은 45대 화도 이에모토(본가, 家元) 이케노보 센에이(池坊專永)이다. 그는 꽃꽂이를 통한 해외교류로 일본의 전통적인 생각을 전달했다.

출전: 이케노보 제공, https://www.ikenobo.jp/ikebanaikenobo/shoka/.

시니세의 경영자와 이야기를 나누면 빠지지 않고 등장하는 문구가 있다. 「변하지 않아야 할 것과 변화시켜야 하는 것을 고집스럽게 지켜 나가는 일이 시니세 경영자의 숙명」이라는 것이다. 그렇다면 이케노보의 불변의 경영이념은 무엇일까? 이케노보의 경우 14세기에 정의한 선조의 「이케노보 센오우쿠덴 池坊專応口伝」에 담겨 있는 꽃꽂이의 정의, 꽃을 통해 우주를 생각하는 마음, 꽃꽂이 방법 등을 미루어 볼 때 눈에 **보이지 않는** 전통은 변해서는 안 된다는 신념을 엿볼 수 있다. 한편 시대에 맞추어 변하지 않으면 안되는 것, 변화할 수밖에 없는 것은 꽃의 재료, 용기, 표현방식이다. 이런 것들은 눈에 **보이는** 것이다. 역으로 생각하면 변화하지 않으면 이 비즈니스가 끊어지고 없어져 버릴 것이다. 이케노보의 이에모토(본가, 家元)인 이케노보 유키는 꽃의 재료는 일본 것이어야 할 필요는 없고, **생각하는 방식이 일본적**이어야 함을 강조한다. 이케노보의 일본문화나 동양문화에서는 인간뿐만 아니라 자연만물을 인간과 동일시하는 자연 본위주의에 근거하고 있다. 그러므로 꽃꽂이를 이해하려면 일본문화의 이해가 동반되어야 할 것이다. 규격화된 공간에서 자신을 표현하는 꽃꽂이는 긴 세월 동안 계승되어온 일본 전통문화의 하나이다. 2차대전 후에는 여성교육으로 편성되거나 신부수업으로 활용되면서 꽃꽂이=여성이라는 고정관념이 생겨났지만, 꽃꽂이의 시작은 다도와 함께 귀족계급이나 무사들의 교양이었다. 최근 일본경영자가 꽃꽂이에 심취하는 현상이 부쩍 눈에 띄었다. 꽃꽂이와 경영자, 어떤 연결고리가 있는 것일까. 아래 내용은 2016년 [PRESIDENT ONLINE]에 경영자들의 꽃꽂이 사랑에 대한 칼럼이다.[17]

> 경영자들은 꽃꽂이를 통해 자신 기업의 조직구성을 부감적으로 보는 시야를 갖는다고 한다. 꽃꽂이에서 사용하는 한 송이의 꽃마다 조직을 구성하는 인재로 비추어지고, 그 한 송이 꽃의 생명을 중요시하게 된다. 또한 꽃꽂이는 메인 꽃뿐만 아니라 그 주변의 다양한 꽃이나 나뭇잎들과의 조합을 통해 완성되는 하나의 작품이다. 경영자들은 꽃을 꽂는 작업을 통해 자신의 사물을 보는 시야를 키우며 기업의 조직을 구상

---

17 기사타이틀[社長が生花に没頭「経営も花も"切り方"がすべた], https://president.jp/
articles/-/18252.

하는 데 도움을 받을 수 있다. 경영도 꽃꽂이의 꽃도 어떻게 자르느냐가 전체의 모습을 좌우하기 때문이다. 꽃꽂이를 할 때 펼쳐지는 정신세계는 세계적으로 높이 평가되고 있는데 이러한 세계관에서 비즈니스 세계와의 공통점을 발견할 수 있다.

일본의 저명한 꽃꽂이 작가 스무라(州村)씨는 "자신이 생각하는 세계관을 꽃으로 표현하는 데에는 직관력, 판단력, 결단력, 집중력, 창의성과 전체를 부감하는 시각을 필요로 한다. 이것은 순간적으로 여러가지 것을 자신이 판단하고 결단하지 않으면 안 되는 비즈니스와 같다. 꽃꽂이는 이러한 스킬을 키우기 위해 활용되고 있다"고 설명했다. 예를 들어 고바야시 제약의 대표인 고바야시(小林章浩) 사장은 항상 업무의 목적을 생각하고, 그 일의 목표를 갖는 것을 신념으로 하며 '목적/목표(的)'를 꽃꽂이를 통해 표현한다. 그는 자신의 목표를 국화로 표현하고, 잎이 지는 것, 몇 개의 꽃송이를 꽂을 것인지, 목적 목표를 갖는 것의 중요성을 표현한다. 또 꽃을 꽂을 때 가지의 잎을 어디서부터 잘라내며, 어떤 것을 남길지를 진지하게 생각하고 가위를 집어 드는 것은 실질적으로 기업 경영 현장에서 사원들을 **적재적소**(適材適所)에 **배치**하거나 예산투입의 **밸런스**를 맞추는 등의 상황과 비슷하다. 이케바나(꽃꽂이)를 배울 때 "쓸데없이 방해되니까 잘라버리세요", "이 부분이 조금 더 입체적으로 보이도록 꽃을 좀 더 꽂아보세요"라는 지도를 받으면서 경영자들은 실제 경영현장과 대비해보며 많은 생각을 하게 된다. 꽃꽂이를 통해 **전체를 부감**(俯瞰)적으로 보는 시선은 경영에 많은 도움을 줄 수 있을 것이다.

출전: 生花新風体(이케보노 작품), https://www.ikenobo.jp/ikebanaikenobo/shoka/.

　이케바나는 결단의 연속이다. 가지를 치고 한번 잘라 버리면 다시는 가위질을 할 수 없다. 또한 화려하다고 마냥 좋은 것만은 아니기 때문에 쓸데없는 것은 제거하여 꽃의 본질이 잘 표현되며 아름다움이 더해진다. 이러한 세계관의 표현이 비즈니스 스킬에 있어서 필요한 것이라고, 많은 경영자들은 이구동성으로 말하고 있다.

　다도나 이케바나 등에서 우러나오는 오모테나시 정신을 비즈니스로써 가장 대중적으로 보여주는 사업체가 전통료칸일 듯하다. 다도나 이케바나는 다도회나 이케바나 레슨에 참여하고 어느 정도의 지식을 축적하지 않으면 그 본질에 숨어 있는 오모테나시를 눈으로 확인하기 쉽지 않다. 하지만 료칸은 하룻밤 숙박을 통한 일반적인 서비스로서 불특정 다수에게 오모테나시가 어떻게 서비스 비즈니스에 영향을 주고 있는지 잘 보여주고 있다. 전통료칸을 중심으로 그들의 서비스설계와 표현에 주목해 보고 그 속에서 어떤 일본식 서비스를 실천해 가고 있는지 살펴보기로 하자.

Chapter
04

고도 전문 서비스,
오모레나시의 파워

고도 전문 서비스,
오모레나시의 파워

    일본의 접객태도는 때때로 감탄을 자아내지만, 한편으로는 비효율적으로 보인다는 지적도 적지 않다. 그럼 여기에서 '고도 전문 서비스'의 구조에 대해 생각해 보자.

    고도의 접객현장 내용을 구체화하면 다음과 같다. 고객의 세심한 행동과 태도에서 고객욕구를 추측하고 서비스에 대한 고객의 이해력과 적절한 행간(間)을 읽어가면서(context) 서비스를 제공하는 것이다.

    숙박시설 접객종업원의 서비스는 일반적으로 정해진(고정화된) 업무를 수행하는 것이다. 그러나 호텔과는 달리, 일본 전통료칸의 경우 하룻밤에 두 번의 식사를 제공하는 숙박상품이 제공된다. 후쿠시마(2018)는 이러한 료칸서비스의 시간을 정하는 일에서도 종업원의 업무능력 차이가 보인다고 한다. 예를 들어 저녁 시간대를 정하는 일은 쉬운 일이 아니다. 업무능력이 높지 않은 신입종업원은 정해져 있는 몇 개의 저녁 시간대 중 어떤 시간대를 택할 것인지 고객에게 물어보고 정하지만, 숙련도가 높은 베테랑 종업원은 고객이 배가 고픈 상태인지 아닌지 등을 살피고 담당 객실의 저녁 시간이 중복되는 곳이 없는지 고려하며 주방이 혼잡하지 않도록 다양한 경우의 수를 숙고하여 시간을 정한다. 여기서 일본 숙박시설의 접객서비스를 대상으로 저자가 진행한 접객종업원의 업무 능력 분석 조사를 소개하겠다. 해당 조사는 혼잡한 서비스현장에서 서비스인재의 능력향상, 체계적인 관리와 인재개발에 지견(知見)을 줄 수 있을 것이다.

질 높은 서비스를 구현하기 위해서는 무엇보다 고객의 행동을 잘 관찰해야 한다. 고객에게서는 많은 정보가 의식·무의식적으로 방출되며, 이러한 정보를 어떤 타이밍에 선택적으로 판단하고 행동하는가(=인텔리전스)는 매우 중요한 일이다. 정보(information)는 우리들의 주변에 항상 엄청난 양으로 존재하고 인텔리전스(intelligence)는 그 정보에 어떠한 판단이나 평가가 더해진 의미를 부여한다(小谷, 2012).[18] 예를 들어 "눈앞의 남성이 눈살을 찌푸리고 눈이 위로 올라갔다"라는 현상을 있는 그대로 관찰한 결과가 정보이고 그 관찰사실을 기본으로 하여 누군가 "눈앞에 남성이 화가 잔뜩 나 있다"고 해석을 하는 것이 인텔리전스이다. **정보와 인텔리전스에는 주관적인 평가를 하느냐 안 하느냐의 차이가 있다.** 이와 같은 서비스 제공자의 판단은 고도의 서비스현장에서는 매우 중요시된다.

일본 서비스에서는 고객의 행동을 관찰하고 해석하여 행동으로 옮기는 것이 물 흐르듯 진행된다. 이러한 행동은 종종 **서비스 표현**으로 나타나고 고객의 만족도를 향상시키는 데 기여한다. 서비스 표현은 상황에 따라 변화하기 때문에 항상 같은 서비스가 존재할 것이라고 기대해서는 안 된다. 상황에 따라 변화하는 서비스 표현은 고객을 감동으로 이끌기도 한다. 더욱이 이러한 서비스 표현이 때로는 서비스 퀄리티로써 평가되는 경우도 있다. 지금까지 고품격 서비스를 실현해 온 기업의 경우 상대 고객에게도 높은 리터러시(literacy)가 요구되었다. 전형적으로 일본 다도의 세계에서 보이는 주객의 리터러시를 상호 평가하는 것이 있는데, 이러한 평가과정이 오모테나시에서도 보인다고 한다. 그러나 불특정 다수가 대상인 대중서비스를 제공하고 있는 비즈니스에서는 그렇게 섬세한 서비스를 제공하기에는 한계가 있다.

시대에 따라 접객태도에는 보다 보편적인 새로운 원리가 필요하다. 고객들은 타인이 결정한 것보다는 자기 스스로 결정한 것, 그리고 자신이 지금 인식하

18 注小谷賢(2012). 『インテリジェンス : 国家·組織は情報をいかに扱うべきか』. 筑摩書房.

고 있는 욕구를 중요시한다. 과거의 대중화되었던 서비스 매뉴얼은 점점 디지털화되고 부가가치가 높은 서비스는 개별화의 경향이 강해지고 있다. 하지만 변함없는 원리원칙은 **고객의 시점에서** 고객을 이해하고, 그러기 위해서는 고객의 상황을 주시하고 **관찰하는 능력과 공감성을 가져야** 한다는 것이다.

서비스 제공자는 고객에게 정중한 태도로 접하는 것뿐만 아니라 안심감을 제공하지 않으면 안 된다. 입가에 미소를 띠며 고객을 환영하는 눈빛과 분위기는 고객을 안심시킨다. 하지만 미소에도 품격이 있다. 많은 서비스현장에서 은근무례(慇懃無礼)는 고객에게 절대로 보여서는 안 되는 태도로 지적된다. 은근무례란 입으로는 웃고 있으나 눈은 무시하는 태도를 의미한다. 이러한 태도는 고객의 자존감에 상처를 입히고 사람으로서 존중받지 못하고 있다는 느낌을 준다.

일본에서는 이러한 태도변수를 강조하는 특유의 말로 오모테나시가 존재한다. 태도변수는 사회의 일반적인 인간관계 원리에 기반을 두고 있기 때문에 「이상적인 접객태도」가 각 나라의 문화와 전통에 영향을 받는 것은 당연하다. 일본의 오모테나시는 보통 일반고객에 대한 마음적 배려를 말한다. 고객의 불편한 곳(=일본에서는 가려운 곳이라고 종종 말하고 있다)을 잘 이해하고 편하게(시원하게) 해드릴 수 있는 철저한 서비스 행동(표현)이 충만하면 오모테나시가 훌륭하게 실현된 것이다. 오모테나시적 발상에서 주의하지 않으면 안 되는 것이 「가려운 곳」이다. 그렇다면 가렵다고 결정하는 사람은 누구인가?

전통적으로 일본에서 손님의 기분을 물어보는 케이스는 드물다. 전통료칸의 경우 숙박객이 일일이 생각하지 않고도 편히 쉴 수 있도록 서비스 제공자가 사전에 불편함이 없도록 손님의 가려운 곳을 주의면밀하게 용의해 두는 것이다. 때로는 사실은 가려운 곳이 아니었더라도 주인의 깊은 배려에 감사하는 숙박객도 있다. 이러한 것들이 먼 곳에서 찾아와 준 손님에 대한 오모테나시의 전통적인 패턴이다. 그러나 이러한 접근법이 과연 오늘날 얼마나 통용될까? 모든 것이 풍요로워지고 사람들의 가치관도 다양해지면서 「(상대의 의중을) 헤아리는 문화(察する文化)」가 희미해지기 시작했다. 예를 들어 좋은 마음으로 행한 것이라도 다른 사람의 욕구를 추측하고 결론지으려 하는 것 자체가 한편으로 리스크가

있는 행위로 여겨질 수 있다. 그렇다면 이러한 전통문화가 어떻게 긴 세월 비즈니스에서 지속될 수 있었는지 그 배경(어떠한 방식으로 변화되어 왔는지)이 궁금해진다.

CASE   세계를 바꾸는 오모테나시의료 히로하타 센츄리 병원!

일반적인 병원의 진료와 전혀 다른 방식인 고급호텔같은 환자 대응으로 유명한 병원이 히메지에 소재한 히로가타 센츄리 병원이다. 물론 병원은 환자의 병을 치료해 주는 것이 주요 서비스이다. 하지만 병을 낫게 해주면서 환자의 마음까지 챙겨주면 이보다 더 멋진 일은 없을 것이다.

일주일 전에 퇴원한 환자가 통원치료를 위해 내원하는 시간에 맞추어 현관에 정장 유니폼을 입은 콘세르쥬가 대기한다. 이 콘세르쥬는 환자를 대신하여 접수를 하고 물수건과 음료를 환자에게 제공한다. 진찰 대기시간을 철저하게 관리하여 환자가 평균적으로 기다리는 시간은 7분이다. 의사는 환자의 눈을 보면서 진찰한다. 진찰이 끝나고 돌아갈 때도 콘세르쥬가 배웅을 한다. 이런 접객을 도입한 것은 이 병원 설립자의 딸이다. 이시바시 씨(병원장 딸)는 왜 의사는 환자와 대등한 입장에서 진찰하지 않을까? 왜 의사들은 늘 환자의 병만 보고 병들어 아파하는 환자의 기분까지는 보지 못하는 것일까?라는 의아심을 가졌다. 결국 이러한 의문이 그녀로 하여금 호텔과 같은 서비스로 환자를 접객하는 병원이라는 환자서비스 혁명을 일으킨다. 센츄리 병원의 서비스 내용은 다음과 같다. 외부강사를 초빙하여 연수를 시킨다. 자세나 매너, 환자에게 말을 건네는 법은 접객에 있어 매우 중요한 요소이기 때문이다. 이런 태도를 정기적으로 연수시킨다. 또한, 콘세르쥬는 외래환자뿐만 아니라 입원환자의 외출할 수 없다는 불편함을 해소시키기 위해 일주일에 두 번 대행서비스를 실시한다. 먹고 싶은 간식이나 필요한 물건을 사다 주고 물론 음식물은 환자 상태를 고려하여 대행한다. 이러한 대행서비스는 무료이며 환자에게는 물건값만 받는다. 입원환자의 생일에는 케이크도 직접 만들어 준다. 주방에도 관련 전문요리사를 배치한다. 이 정도의 서비스라면 환자들이 이 병원에 입원해서 너무 좋다고 하는 것도 이해가 된다. 물론 스태프 중에 이·미용자격이 있는 사람이 머리 손질도 서비스한다. 현재 이시바시 씨는이 병원뿐만 아니라 실버타운을 비롯해 11곳의 의료 관련시설을 운영하고 있다.

이시바시 씨는 또한 정기적으로 병원 안에서 일하고 있는 스태프를 관찰하여 SQI(Service Quality Index) 체크를 철저하게 한다. 한달에 2번씩 진찰실은 물론 의사도 예외는 아니다. 의사들도 긴장한다고 한다. 그녀의 눈높이에는 아직도 병원 스태프의 미소와 친절하게 말을 건네는 태도가 완벽하지 않다고 한다. 따라서 이 병원의 스태프를 데리고 외국계 럭셔리 호텔에서 직접 연수를 실시한다. 병원 스태프는 3일간 호텔의 접객연수를 받는다. 대상자는 약제사, 사회복지사, 조리사, 콘세르쥬, 의사, 간호사 등 다양한 파트의 스태프를 대상으로 실시한다. 철저하게 5성급 호텔에서 실시하는 최상의 접객서비스를 가르친다. 호텔에서는 어떻게 손님에게 접객을 하는지 직접 눈으로 확인하고 서비스 프로페셔널에게 배우는 것이다. 이 연수과정에서 접객서비스라는 것은 자신의 마음을 담는 행위임을 배운다고 한다.

센츄리 병원의 캐치프레이즈는 "세계를 바꾸는 오모테나시 의료"이다.[19] 병원은 물론 병을 고치는 곳이다. 사실 병원이라는 공간은 기다림에 지치고 의사들의 어려운 의학용어가 들어간 커뮤니케이션으로 인해 매우 마음이 불편한 곳이다. 전문지식이 없는 환자는 잘 이해할 수 없는 의사의 전문적 소견에 당황할 때도 있고 답답함을 느껴도 참을 수밖에 없는 상황도 생긴다. 하지만 진정한 프로페셔널이란 보이지 않는 곳까지 세심하게 처리해 줄 수 있는 것이다. 병원과 호텔 모두 호스페스(Hospes)라는 어원에서 파생한 말이다. 그렇기에 어쩌면 두 공간에서 사람을 대하는 원리는 같을 것이다.

◉ 접객태도 - 종업원의 감정은 고객의 감정이 된다

서비스는 결과와 과정 양쪽 다 중요하다. 고객과 대면하는 대인서비스에서

---

19 林田正光(2009). 『ホスピタリティが生まれる瞬間』. あさ出版.

서비스 제공자인 접객종업원은 최대한 노력을 기울여 서비스의 결과와 과정이 최대의 효과가 나오도록 노력해야 한다. 이러한 서비스를 위해서는 먼저 담당자 자신의 지식, 기능, 경험 등의 업무수행능력을 높이고, 서비스조직이 설계된 서비스상품, 물적인 도구류, 서비스 환경 등 서비스 시스템의 질을 높일 필요가 있다.

서비스활동의 과정에 있어서 담당자의 역할은 크게 두 부분으로 구분할 수 있다. **접객태도**라는 측면과 **서비스 내용**에 관한 부분이 그것이다.

먼저, 「태도」라는 말은 사회심리학에서는 「특정대상에 대한 일관적인 행동경향」의 의미로 사용된다. 사회심리학에서 「태도」는 어느 대상에 대한 「인지(認知)」, 「감정(感情)」, 「행동(行動)」의 세 가지 요소로 되어 있다. 먼저 상대가 어떤 사람인지, 매력적인 눈매를 갖고 있는지, 목소리가 아름다운지 등의 개인적이고 복잡한 상대에 대한 「인지(認知)」로부터 그 사람이 좋은지 싫은지의 단순한 「감정(感情)」이 표현되면 그에 따른 「행동(行動)」을 하게 된다.

우리들은 타인과 대면할 때의 자세나 예의, 언어 사용 등 컨트롤하기 쉬운 표면적인 행동들에 태도라는 말을 붙인다. 접객 태도의 경우에는 일반적으로 이러한 의미에서 사용하는 것이 대부분이다. 구체적인 서비스활동은 서비스 담당자의 접객 태도를 통하여 표현되며 담당자의 태도가 좋으면 고객은 어느정도 만족한다. 서비스활동은 태도라는 옷을 입고 고객에게 전해지는 것이다. 그러므로 태도변수는 서비스활동과 같은 목적, 다시 말해 고객의 만족감을 증진하지 않으면 안 된다. 「정중하며 예의 바른」 것은 기본이며 손님이 긴장하고 있는 경우에는 어느 정도 부드러운(친근한) 대응을 할 필요가 있다.

서비스종업원은 접객 현장에서 서비스가 고객의 뜻(의도)과 맞지 않았을 때 고객으로부터 클레임(claim)을 받는 경우가 있다. 그러나 이러한 상황 속에서도 고객이 원하는 반응을 만들어 낼 수 있도록 자신의 감정을 컨트롤하려 노력해야 한다. 이러한 노력을 Hochschild는 「감정노동」이라는 용어로 개념화하였다. 최근 한국에 들어갈 때마다 미디어나 카페/레스토랑에서 많은 일반인들이 감정노동이라는 용어를 이해하고 보편적으로 사용하고 있는 것에 놀랐다. 연구자들의 용어였는데 한국사회에서는 일반적인 용어가 되는 것을 보면서 갑질과 감정노동이 세트로 묶여 사회이슈화 되어버린 것 같아 안타까운 느낌도 들었다.

Hochschild는 감정노동을 「고객이나 타인에게 보이는 표정 및 신체적 표현을 서비스제공자가 자신의 감정을 사회적(조직) 규범에 맞춰 조절하여 의도적으로 만들어 내도록 요구되는 노동이다.」라고 정의하고 있다. 감정노동은 사적 영역에서 급료와 교환하는 판매 가능한 것이며 사용가치(use value)뿐만 아니라 교환가치(exchange value)로서의 성질도 갖고 있다(Hochschild, 1983).[20]

특히 인적서비스의 역할이 중요시되는 호스피탈리티 산업에서는 서비스 제공자와 고객 사이의 상호작용이 고객이 인식하는 서비스 퀄리티의 포인트가 된다. 그러므로 종업원이 행동과 감정표현을 적절하게 컨트롤하는 것이 과제가 되기도 한다. 종업원의 미소(웃음)와 수익의 증가에는 높은 상관관계가 있다는 기존의 연구결과도 찾아볼 수 있다. 친근감과 열의를 보이는 표현은 고객만족을 높이며, 판매에 직결되고 반복적인 구매를 증가시켜 결과적으로 재무적 성과로 이어진다.[21] 서비스제공 시에 고객이 종업원을 곤란하게 하는 상황에서도 종업원에게는 네거티브(negative)한 감정표현이 금지되고 그 상황을 포지티브한 경험으로 변화시키는 것이 직무로 요구된다. 그 결과 종업원은 기쁨, 놀라움, 공포, 기분좋음 등의 감정표현을 전략적으로 조작하고 고객이 원하는 특정 심리적 상태를 만들어 고객과 감정교환을 하는 것이다(崔, 2007).[22]

Hochschild는 감정노동의 수행방법을 "연기"로 표현하여 「표층연기(surface acting)」와 「심층연기(deep acting)」 두 가지를 제시했다. 표층연기는 조직에서 요청된 감정을 표현할 때에 표정, 목소리, 동작만 바꾸는 노력이다. 심층연기는 종업원의 감정이 기업에서 요구하는 표현규칙에 맞추어지지 않는 경우에 적절한 감정을 자신의 마음속에서부터 재현할 수 있도록 기업에서 실시했던 훈련과 자신의 경험을 살려서 노력하는 것이다.

---

20 Hochschild, Arlie Russell(1983). The Managed Heart: Commercialization of Human Feeling. University of California Press. (石川准·室伏亜希訳(2000).『管理される心―感情が商品になるとき』. 世界思想社.)

21 Anat Rafaeli(1989). "When Cashiers Meet Customers: An Analysis of the Role of Supermarket Cashiers". The Academy of Management Journal. Vol12(1), 23-37.

22 崔錦珍(2007).『感情労働がホテル従業員の職務態度に及ぼす影響』. 立教大学(博士論文)

이렇게 감정을 의도적으로 억압하는 행위인 감정소모는 타인과의 접촉이 많은 조직 구성원 간에 발생한다. 과도한 정신적·감정적 요구에 의해 에너지를 전부 소모해 버린 상태의 반응과 관련하여 특정한 스트레스도 있다.

그럼 종업원은 모든 고객을 위해 희생되어야 하는 것일까? 일본의 호시노 리조트의 호시노 사장은 항상 실시하는 고객조사에서 5-6%정도의 불만은 무시한다고 한다. 서비스 시스템에 치명적인 불평은 재설계가 필요하지만 단순한 불평불만은 서비스경영에 아무런 의미가 없기 때문이다. 오히려 서비스종업원의 모티베이션을 저하시키는 것이므로 무리하게 받아들일 이유가 없다는 것이다. 일본의 고객을 단련시키고 고객으로부터 배운다는 옛 방식이 지금 한국서비스 사회에서는 절실해 보인다.

● 진실의 순간(Moments of Truth: MOT)의 중요성

스웨덴의 경영컨설턴트 리차드 로만이 처음으로 제창한 용어인 「진실의 순간(Moments of Truth: MOT)」이란 종래의 고객과의 접점포인트(encounter)에 적용되는 용어다. 하지만 스칸디나비아 항공의 사장 얀 칼슨(Jan Carlson)[23]이 그의 저서에서 고객과의 접점서비스가 얼마나 중요한가를 강조한 이후 진실의 순간은 고객과의 접점을 표현하는 대표적인 용어가 되었다.

진실의 순간이란 고객이 기업의 종업원 또는 특정의 자원과 마주하는 순간이며, **기업에 대한 가치판단을 내리는 순간이다.** 고객이 기업의 제품이나 서비스와 접하는 다수의 순간이 진실의 순간이며, 그 순간의 평가가 고객만족도를 좌우하는 결정적 순간이 된다. 「진실의 순간」이란 본래 스페인 투우사들이 소를 칼로 여러 번 찌르다가 소가 쓰러지는 그 마지막 찌름의 순간을 일컫는 말이었지만 현대에는 서비스분야에 있어서 고객과의 접점의 중요성을 가리키는 용어로 사용되고 있다.

진실의 순간을 서비스전략으로 도입하고 성공한 경영자 스칸디나비아 항공

---

23 Jan Carlson(1989). Moments of Truth. Harper Business.

의 얀 칼슨에 따르면, 연간 1000만 명의 승객이 각각 다섯 사람의 항공직원과 접하고 1번의 응접시간은 평균 15초이다. 1회 15초, 연간 5000만 회의 순간에 고객의 머리에 스칸디나비아 항공의 이미지가 새겨지는 것이다. 따라서 연간 5000만 회의 순간이 스칸디나비아 항공의 성공을 좌우한다. 종업원은 평균 15초의 고객 접객이 항공회사의 이미지를 결정짓는다는 사실을 인식해야만 한다. 또한 접점(point of contact)에서 진실의 순간을 파악하고, 그 결정적 순간에 발생하는 임팩트를 이해하고 대응책을 연구해야 한다. 서비스를 이용하는 고객들은 서비스 제공자와의 접점을 통하여 일련의 결정적 순간을 경험하는데, 고객이 서비스를 받는 과정에서 결정적 순간의 경험이 축적되기까지를 서비스 사이클(service cycle)이라고 한다.

진실의 순간을 전략적으로 사용한 예를 일본에서도 찾아볼 수 있다. 여러분들도 잘 아시는 유니버셜 스튜디오 재팬(USJ)이다. 일본은 동쪽(동경)에는 도쿄 디즈니랜드가 서쪽(오사카)에는 유니버셜 스튜디오 재팬이 대표적인 테마파크이다. 현재 USJ에는 게스트(입장객)와의 대화를 메인으로 하는 접객의 큰 틀이 된 매지컬 모먼트 프로젝트(Magical Moment Project: MMP)가 2009년부터 존재하고 있다. 이 프로젝트는 크루(Crew: 종업원)가 게스트에게 적극적으로 말을 걸어 '매지컬 모먼트'라는 순간을 만들어 내는 것을 목적으로 한다. MMP는 일본의 서비스는 매우 정중하지만 일방적이며 인터랙티브(쌍방향 interactive)하지 않다는 점에서 시작된 활동이다. USJ의 크루는 접객 상황에서 일방적이지 않도록 의식하면서 말을 건넨다. MMP를 도입한 시기부터 입장객이 증가하기 시작하였으며 클레임도 현격히 감소했다고 한다. 사람들이 생각하는 USJ의 매력에 「대인적 분위기」가 들어있는 반면 료쿄 디즈니랜드에는 해당 요소가 들어있지 않다. 매우 흥미로운 지점이라 할 수 있겠다. MMP에서 말하는 크루의 태도는 아이컨택을 할 것, 자신이 좋아하는 놀이도구나 장소를 추천할 것, 아이들과 친구가 될 것 등이 있다고 한다.

출전: Universal Studios Japan 제공.

　고객과의 접점에서 발생하는 결정적 순간이 중요한 이유는 다수의 결정적인 순간 중에서 한번이라도 실패하면 고객을 잃어버릴 수 있기 때문이다. 일본 료칸의 오카미들도 결정적인 순간의 고객평가를 매우 중요시한다. 그녀들은 '료칸 운영은 마이너스 경영'이라는 말을 종종 한다. 무엇이 마이너스 경영이라는 것일까? 100-1=99이어야 하지만 료칸에서는 100-1=0이 된다. 100번의 접점서비스 중에서 한 번의 잘못으로도 99번의 좋은 서비스가 아무런 소용이 없다는 것이다. 그 고객은 다른 료칸을 선택하고 떠나버리기 때문이다. 그만큼 고객의 마음을 갖기가 힘들다는 것을 극적으로 표현한 것이다. 물론 99번의 좋은 서비스는 료칸 서비스 질의 형성과 노하우로 축적될 것이다. 저자가 대학원생이던 시절, 지도교수는 늘 경제법칙과 서비스법칙은 같을 수 없다고 강조했다. 경제학에서는 「限界效果遞減의 法則(한계효과체감의 법칙)」이 존재하나 이 법칙은 서비스업에는 그다지 타당하지 않다고 했다. 限界效果遞減(한계효과체감)이란 투기적인 목적을 제외한다면 사람이 소비 가능한 재의 소비량에 한도가 있다는 뜻이다. 간단히 말하자면 배가 고플 때 처음먹은 1개의 사과는 상당히 맛있지만 두 번째 먹는 사과 맛은 처음과는 다를 것이다. 물론 사과의 품질에는 문제가 없다는 전제하에서 말이다. 하지만 내가 느끼는 사과의 맛은 당연히 떨어진다. 이처럼 일반적으로 재(財)의 소비량이 늘어나면 재의 추가소비분의 효용은 작아진다. 하지만 서비스업에서 좋은 서비스는 받으면 받을수록 즐거워진다. 결국 고객은 끊임없이 좋은 서비스를 하는 기업의 팬이 된다. 지도교수는 근처에 사는 의사노부부를 예로 들었다. 이 노부부는 하코네(도쿄에서 1-2시간 거리)에 단골료칸이 있어 주말이면 이곳을 향한다. 두사람이 하룻밤 머무는 데 7-8만엔(70만원

~80만원)하는 곳인데 지금까지 300회 이상 다녔다고 한다. 노부부처럼 헤비한 고객은 아니더라도 시니세료칸이나 명문료칸에서는 단골고객이 전체의 40% 이상을 차지한다. 이곳은 노부부에게 어떠한 가치를 제공하고 있을까? **서비스가 치를 어떻게 고객가치로 바꾸느냐가 매우 중요해 보인다.**

접점의 서비스가치가 중요하다고 한다면, 경영자의 시점에서 접객종업원의 접객태도에 주의를 기울여야 할 것이다. 일반적으로 경시되기 쉬운 안내원, 경비원, 주차장 관리원, 전화대응 직원, 상담원 등 서비스 엔카운터를 담당하는 종업원들의 접객태도가 회사의 운명을 좌우한다고 해도 과언이 아니다.

료칸서비스에서 진실의 순간을 찾아보면 차대접에서 가장 많이 발견할 수 있다. 종업원은 차를 내면서 고객과의 대화를 통하여 고객에게 제공하는 가치를 높이려 하지만 이것이 쉬운 일은 아니다. 먼저 고객과 종업원 사이에 어떠한 컨택 포인트가 있는지 경영자나 접객종업원은 파악하고 있어야 한다. 다음의 최고의 접객서비스로 유명한 레스토랑을 사례로 보자.

CASE 고객의 감동의 눈물: 철저한 고객조사 레스토랑 카시타

동경 아오야마에 있는 레스토랑 카시타는 한 사람의 디너 식사비용이 1인당 15만 원 전후인 고급 레스토랑이다. 일류 요리사가 신선한 최상의 식자재로 맛 있는 요리를 만드는 것은 당연한 일이고, 카시타 인기의 진수는 '대인서비스'에 있다. 고객이 어떤 이벤트로 레스토랑을 예약할 경우 사전에 손님의 취향이나 레스토랑을 이용하는 목적 등 고객상황을 상세히 조사한다. 예를 들어 생일축하 가 목적이라면 가족들의 생일 메시지를 비디오로 만들거나, 프로포즈가 목적이 라면 상대방 출신지의 특산품을 사용하는 등 상상 그 이상의 감동서비스를 준 비한다.

맛있는 요리 위에 멋진 경험을 선사하는 전략이라고나 할까? 이러한 서비스 가 화제 되어 전국 각지의 사람들이 고객서비스를 기대하며 찾는다.

이곳의 종업원이 손님과 나누는 대화는 대략 아래와 같다.

종업원: "요즘 빠져있는 것(나만의 붐)이 있습니까?", "자주 드시는 음식은요?"

손님: 네. 건강관리에 신경 쓰고 있어요. 뚱뚱해지기 싫거든요.

이처럼 아주 일상적인 고객의 정보 및 취미나 애완동물 정보 등을 스톡해 둔다. 또한 매일 오후 2시에는 스태프 30명이 모여 미팅을 한다. 매니저는 당일 예약손님의 정보를 하나하나 꼼꼼히 전달한다.

모 TV의 프로그램에서 결혼 5주년 기념으로 방문하는 손님을 위한 카시타의 서비스를 소개했는데 그 내용이 충격적이었다. 손님의 동선에 맞추어서 설명해보겠다. 한번 상상해 보기 바란다.

오늘 예약 손님이 이전에 방문한 적이 있으면 고객 데이터를 전 스태프와 공유하며, 레스토랑의 백스테이지에서는 손님의 이름을 냅킨에 재봉틀로 자수한다. 손님은 테이블에 앉자마자 자신의 이름이 새겨진 냅킨을 보며 깜짝 놀라고 동시에 그 자리는 자신만을 위한 특별한 공간이 된다.

출전: 카시타 제공, http://www.casita.jp/casita/menu/.

즐거운 식사가 끝나고 돌아갈 때 겨울이라 맡겨 둔 코트를 챙겨입고 밖으로 나온다. 자연스럽게 포켓에 손을 넣는 순간 따뜻함을 느끼고 핫팩이 들어 있는 걸 깨달은 손님은 웃음 짓는다. 핫팩에는 땡큐라고 적혀 있다. 돌아갈 시간까지 맞추어 마음을 전하는 서비스가 고객에게 감동으로 전해지는 것이다. 여기까지 할 필요가 있느냐고 하는 손님도 드물게 있다. 하지만 이곳은 서비스에 특화된 레스토랑이다. 카시타는 오픈 이후 10년간 광고비를 일체 사용하지 않고 놀라운 매출을 기록 중이다. 이곳을 사람들은 '기적의 레스토랑'이라 부르고 있다.

또 다른 방송 사연을 소개한다. 11월 어느 날 한 남성이 다음날 프러포즈를 하기 위해 카시타를 방문한다. 매니저는 상대 여성의 취미와 라이프 스타일에 맞는 분위기를 만들기 위해 이런저런 이야기를 듣는다. 그 여성이 토이푸들을 키우고 야경을 좋아하는 여성이라는 정보도 입수한다. 프러포즈 당일 가게 안에서는 최종 연출을 확인하며 가장 야경이 아름다운 자리에 핑크 장미꽃잎을 깔아 로맨틱한 분위기를 한껏 조성한다. 레스토랑에 도착한 남녀는 식사를 시작한다. 사실 손님의 프러포즈는 식사 중에 자연스럽게 할 예정이었으나 여성분과의 타이밍이 잘 안 맞아서 첫 찬스가 지나가고 분위기를 새로 정립하기 위해 디저트 코스로 자리를 옮겨 다시 시도해 보기로 한다. 디저트는 일부러 멋진 야경을 배경으로 준비하고 카푸치노 위에 그녀가 키우는 강아지 모양을 그려 그녀의 마음을 설레게 한다. 디저트 플레이트에 놓인 꽃다발을 두고 그 타이밍에 프러포즈 성공! 만약에 고객이 프러포즈에 성공한다면 축하해 주려고 사원 13명은 추운 겨울 레스토랑 밖에서 기다리고 있다. 성공소식과 함께 창문 밖에서 13명이 축하 메시지를 들고 다 같이 기뻐한다. 이 모습에 감격한 여자는 기쁨의 눈물을 흘리고 돌아가는 길은 마치 결혼식 피로연 같다. 만약 프러포즈가 성공하지 않았더라도 이들의 노력은 한 고객에게 깊이 기억되었을 것이다. 마지막으로 레스토랑 카시타의 차로 역까지 배웅하며 이벤트를 마무리한다. 스태프도 고객의 기쁨을 자신들 접객서비스의 동기부여로 생각하는 프로세스가 잘 구축되어 보인다. 방송을 본 뒤, 저자의 저속한 계산으로는 이 레스토랑은 생애고객을 한 팀 더 추가했다는 생각이 들었다. 결혼기념일에도, 만약 임신을 하게 되면⋯ 일생의 다양한 수많은 기념일에 카시타를 선택할 확률이 엄청 높아졌다는 생각이 든다.

카시타는 레스토랑을 찾아오는 고객 이외에도 1년에 70건 이상의 기업을 상대로 연수를 실시하고 있다. 연수에 참석한 IT사원들은 카시타의 오모테나시를 배우려 한다. 컴퓨터 비즈니스를 전개하고 있지만 현 시대야말로 인간 본래의 모습, 사람이 고객을 접객하는 것에 고객이 감명을 받는다고 생각하기 때문이다. 또 인간이 만족하는 행복감을 느낄 수 있는 서비스의 필요성을 느끼기 때문이다. 결국은 인간이 중심인 것이다.

카시타가 추구하는 고객 기대이상의 서비스는 무엇일까? 먼저 이 레스토랑의 오너인 다카하시 씨는 레스토랑 홈페이지에 어떤 직원을 원하는지, 직원을 채용하기 전에 몇 가지의 상황을 설정하여 어떤 마인드를 가져야 하는지를 말하고 있다. 그 내용은 다음과 같다.

당신이라면 어떻게 하겠습니까?

✓ 오픈전에 게스트가 빨리 도착했다면

거절하는 것은 간단하다. 하지만 먼저 손님에게 해드릴 수 있는 것, 해드리고 싶은 것을 전부 생각하라. 세팅이 끝난 테라스나 라운지에 편히 계시게 해드려라. 가능한 범위내에서 충분하다. 친구가 찾아오면 즐겁지 아니한가! 반드시 "물론입니다"라고 전해라.

✓ 주문을 틀렸다면

어떤 일이 일어나더라도 빠르게 성의를 다해 형태가 있는 사죄를 하라. 손님이 "맛있어 보이니까 이걸로 됐어요"라고 웃으면서 말씀하신다면, 만약 그대로 드셨더라도 이쪽에서 어떠한 형태의 선물을 제공해야 한다.

✓ 손님이 이레귤러(irregular)한 의뢰를 했다면

손님이 왜 그런 요청을 하게 되었는지 우리들이 모르는 무엇인가가 있을 것이다. 자신의 판단으로 필요하다고 생각되면 준비하라. 자신있게 추천할 수 있는 메뉴를 만들어주고 같이 고민해줄 동료가 있다. 항상 게스트의 편에 서서 생각하라. 게스트의 기분을 알 수 있는 것은 게스트 옆에 서 있는 여러분뿐이다.

✓ 지루해 보이는 손님이 있다면

손님과 너무 말을 많이 하지 않는 것이 좋다고 지시 받은 적도 있을 것이다. 그러나 카시타는 전혀 다르다. 자신의 말로 게스트에게 적극적으로 말을 건네라. 당신이 지금 생각하고 있는 것과 마음을 다한 상냥함을 전부 고객에게 전하라. 카시타가 모든 점포에서 노력하고 있는 것은 친절하게 웃으며 인사하고 이름을 부르고 세상사는 이야기를 하는 것이다.

(출전: 카시타홈페이지, http://recruit.sunnytable.co.jp).

　　그들은 홈페이지에서 카시타의 강점이 「콘셉트」에 있다고 전하고 있다. "우리들은 결코 감동이나 서프라이즈를 추구하고 있는 것이 아닙니다. 우리들이 추구하는 것은 「손님에게 진심이 되는 것」입니다. 어떠한 상황에서도 손님의 입장이 되어 생각하며, 업무의 매뉴얼보다 고객의 시선에서 대응하는 것. 이 레스토랑 호스피텔리티의 원점은 '사람으로서 당연한 것을 당연히 행동하는 것'입니다." 카시타는 접객에 관한 매뉴얼이 따로 없으며, 유일하게 있는 규칙은 「손님을 즐겁게 해 드리는 것」 단 하나라고 한다. 사원 교육에 있어서도 로봇같이 일하는 스태프가 아닌, 고객의 즐거움에 공감할 수 있는 사람으로 가르친다. 이러한 교육은 사원으로 하여금 일에 대해 다른 생각을 가지게 하고, 사원의 생각이 바뀌면 회사도 바뀌게 된다고 한다.

　　지금까지 일본의 오모테나시(고도접객서비스)를 전면에 내세워 전략적으로 사용된 예를 찾기란 쉽지 않았다. 본래 자연스럽게 접하고 감동받는 것이었는데, 카시타는 오모테나시를 전략적으로 서비스디자인에 넣어 운영하려는 이례적인 모습이 보인다.

▶ 고객서비스가치를 높이는 인재의 업무능력

　　기업은 접객서비스가 고객이 받는 모든 서비스 인상에 커다란 영향을 미치고 있다는 것이 확인되면 접객행위를 통해 서비스가치를 높이도록 요구할 것이다. 그렇다면 기업은 어떠한 인재를 원하며, 기업경쟁력을 확보할 인재육성은 어떻게 할 것인가? 일반적으로 **서비스에 대한 평가**는 서비스 전체에 있어서 **고객의 주관**에 의해 이루어지기 때문에 중요시된다. 따라서 서비스제공 지표의 많은 부분은 항상 고객의 시점에서 보인 서비스를 표현하는 것이었다. 그러나 서비스 업종에 따른 특성이 존재하며 따라서 각 인재에게 요구되는 능력은 모두 다르다. Capability는 경영학적으로는 조직능력을 이야기한다. 경영자원(resource)을 잘 활용하여 효율적·효과적으로 기업경영을 이끌어내는 능력이다.

요시하라(吉原, 2001)[24]는 호스피텔리티(오모테나시)를 구현하기 위해 사람이 갖고 있는 능력을 성과로 이어 가려면 '능력 발휘력'이 필요하다고 주장한다. 요시하라(吉原)는 조직인재의 개인적 능력영역을 '친교(親交)', '자기(自己)', '달성(達成)'의 세 영역으로 보고 있다. 또한 각 영역에 따라 필요한 능력으로 '교류자세' '경주지향' '수행의욕'을 들었는데, 이러한 능력을 성과로 이끌어 낼 수 있도록 능력 발휘력이 있어야 한다고 했다.

[그림 9]   호스피탈리티를 구현화하는 인재

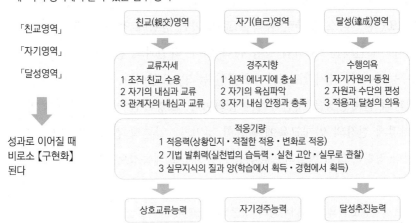

출전: 吉原敬典(2001).「ホスピタリティを具現化する人財に関する一考察」『長崎国際大学論叢』.
      Vol3. 281-290.

저자도 요시하라 연구를 기본으로 전통료칸 종업원 대상 설문조사를 실시했다. 서비스 분야, 특히 인적서비스 분야에 있어서 경쟁력을 확보하기 위한 인재 능력에 관심이 고조되고 있다. 고객의 요구와 욕구에 순간적 대응이 가능한 서비스인재가 현장에서 문제 발생 시 신속·적절한 대응을 하여 고객만족도의 향상, 나아가 고객의 충성도까지 연결시킬 수 있을 것이다. 따라서 접객종업원의

---

24   吉原敬典(2001).「ホスピタリティを具現化する人財に関する一考察」『長崎国際大学論叢』.
      Vol3. 281-290.

창조력과 혁신적 행동을 향상시키기 위한 인재육성이 더욱더 중요해질 것이다.

앞서 말한 요시하라 연구를 베이스로 하여 본 저자는 일본의 오모테나시를 일반적으로 볼 수 있는 료칸 접객서비스인재 161명(접객종업원: 142명, 서비스리더(오카미): 19명)을 중심으로 잠재적 업무능력에 관한 조사를 실시했다. 2016년부터 S대기업의 접객종업원(726명)을 대상으로 행동분석을 하여 일차적 정량조사를 하고, 그것을 중심으로 척도를 개발했다. 그 척도를 이용하여 료칸 서비스에 적용해 보았는데 조사결과는 아래와 같다.

잠재적 업무능력을 분석한 결과, 료칸의 접객종업원들은 네 가지 잠재적 업무능력을 보유하고 있었다. 먼저 「지혜의 운용능력」 요인, 사람이 모인 장소를 중요시하며 사람과의 관계형성, 육성, 관계를 깊게 지켜 나가려는 능력이다. 두 번째 요인은 「리스크 관리 능력」으로 주어진 상황에 적절한 행동을 취하는 능력이다. 세 번째는 「조직력 향상 능력」이다. 타인과의 관계구축, 타인을 이해하려는 능력이다. 마지막으로 「기초대인 능력」 요인이다. 이 능력은 개인적으로 타인과의 관계형성을 개선하려는 능력이다. 그렇다면 이러한 잠재적 업무능력을 어떻게 현장의 인재교육에 활용할 것인가? 일본적 접객서비스 인재의 특징을 보다 명확히 하여 현실적으로 활용 가능하도록 계속적으로 연구해야 할 것이다.

[표 4] '전통료칸의 접객업무능력'의 분석(인자분석)

요 인	변 수	인자부하량	고유치	기여도
지식과 정보의 수집과 활용에 관한 14항목				
요인1 지혜(知)의 운용능력	담당서비스가 보다 즐거워지도록 여러 가지 궁리를 한다.	.768	7.247	17.675
	이상적인 서비스가 되도록 기획을 한다.	.766		
	사람과 사람의 관계가 깊어질 수 있도록 자리를 제공한다.	.716		
	새로운 만남이 장기 적 관계를 맺을 수 있도록 한다.	.696		
	기획의 의도를 공유하고 역할을 분담한다.	.684		
	기획을 실행할 때 필요한 하드와 소프트에 대해 구상한다.	.683		

	이상적인 상황과 그 변동에 관한 11항목			
요인2 리스크 관리능력	예측하지 않은 상황에도 침착하게 대처한다.	.724	6.015	14.672
	모든 일은 대충하지 않고 마지막까지 최선을 다한다.	.665		
	어려운 일도 적극적으로 도전해 본다.	.640		
	불만과 오류가 커지기 전에 대처한다.	.640		
	타인과의 관계성, 개선, 향상에 관한 11항목			
요인3 조직력 향상능력	동료나 상사, 부하와 일 이외의 이야기도 자주한다.	.695	5.090	12.414
	동료나 같은 팀에게는 스스로 말을 붙인다.	.666		
	자신부터 사람들에게 고맙다고 감사의 마음을 전달한다.	.640		
	진심으로 사람을 대한다.	.542		
	타인과의 관계성(개인레벨)의 개선, 향상에 관한 5항목			
요인4 기초 대인능력	그 자리의 분위기에 맞추어 행동한다.	.733	3.198	7.800
	자신의 언동이 다른 사람들에게 어떻게 보일지 의식한다.	.677		
	몸가짐에 신경쓴다.	.527		
	상대의 감정을 고려(추측)하여 행동한다.	.416		

Chapter
05

프로페셔널 서비스인재:
오카미(女将, OKAMI)의 지(知)의 형성

Chapter 05 프로페셔널 서비스인재: 오카미(女将, OKAMI)의 지(知)의 형성

일본여행의 경험이 있다면 그중에는 료칸을 경험하신 분도 있을 것이다. 료칸과 호텔의 서비스 표현이 다르다고 느끼신 분도 있을 것이다. 료칸의 안주인을 오카미(女将)라고 부른다. 이 안주인들이 일본의 전통을 계승하고 전승하는 데 큰 역할을 하고 있다. 한국 종가집의 종부와 같은 포지션이라고 생각하면 쉽게 이해가 될까? 하지만 한국의 종부가 비즈니스보다는 씨족사회의 중심을 지탱하는 존재라고 한다면, 일본 료칸의 오카미는 생활문화를 비즈니스화하여 지금까지 그 전통을 지켜온 사람들이다. 료칸의 오모테나시를 이야기할 때 일본 미디어·잡지사들은 료칸의 오카미(女将)를 상징적으로 취재하고 그녀들을 통해 료칸의 오모테나시를 가시화하려고 한다. 오카미(女将)는 현재의 직책으로 말하자면 여성 최고경영자라고 할 수도 있다. 하지만 규모가 크고 기업화된 곳이라면 그 역할과 직위가 다양하다. 특히 업무 중에는 리스크 관리·클레임(claim) 담당의 역할을 하는 경우도 있다. 료칸이 일본식 서비스를 유지·계승해온 배경에는 오카미제도가 있다. 또한 오카미의 존재가 료칸의 개성화로 이어지고 자신들만의 스타일을 지켜 나감으로써 차별화로 이어지는 경우도 있다.

저자가 2000년부터 일본에서 연구하게 된 계기는 온천료칸의 색다른 서비스 스타일에 흥미를 갖기 시작하면서이다. 이후에도 지속적으로 그녀들의 비즈니스 환경에 주목하고 주변의 관계성에 관심을 가지며 지금까지 20년 가까이 지켜봐 왔다. 오카미(女将, 안주인·여성CEO)와 나카이(仲居, 접객여성)의 서비스 행동은 일본의 서비스문화를 이해하는 데 많은 도움이 될 것이다.

저자가 서비스 이노베이션 인재육성 프로그램의 연구원으로 근무할 당시, 일본의 서비스 경제사회로의 시프트(shift, 전환)와 인적서비스의 노동 생산성을 높이기 위한 부가가치 창출의 실마리를 푸는 것에 관심이 많았다. 예를 들어 료칸의 오카미가 접객에 있어서 어떠한 타이밍에 고객에게 만족을 넘어 감동을 전달하고 있는지를 언어화 할 수 있다면 부가가치 창출 프로세스가 명확해 질 것이다. 하지만 상당히 유감스럽게도 오카미 본인들이 자신의 경험을 언어화하고 있지 못한 상황이다. 일본 서비스업체는 고객기대를 컨트롤하고 있다는 강점이 있는데, 그럼 고객은 어떻게 관리해야 하는 것일까?

◉ What is Okami, 오카미의 기원을 둘러싼 다양한 설(諸説)

우선, 오카미(女将)란 어떤 존재일까? 오카미(女将)란 「료칸, 료테이(요정), 요리집 여자주인의 총칭」이라고 할 수 있다. 특히 료칸 오카미의 경우는 접대와 시설운영에 관한 최고책임자라고 할 수 있으며 그녀들의 수완에 따라 그 시설의 평가가 결정된다고 해도 과언이 아니다. 그럼 이러한 오카미의 기원은 어디서부터 온 것인가?

인류학자 카사야(笠谷, 1999)[25]는 『집(家)의 비교사적 사고』라는 저서에서 오카미의 기원은 이에도지(家刀自)에서 볼 수 있다고 기술하고 있다. 이에도지(家刀自)는 집의 개념이 생긴 중세에서 대문을 열고 닫았던 최종 책임자이다. 중세부터 집의 기본적인 운영이나 손님접대는 이에도지(家刀自)의 일이었던 것이다. 중세 이전부터 계속되어 온 가족 역할의 특징이 전통료칸의 조직에 뿌리깊게

---

25 笠谷和比古(1999).『公家と武家 : 「家」の比較文明史的考察』. 思文閣出版.

남아 家(이에=집, 가족)라는 개념[26]이 하나의 특성으로 중시된다.

료칸 오카미는 료칸의 역사와 더불어 발전해 왔다고 할 수 있지만 오카미의 역사적 루트(route, 과정)를 정리해둔 문헌은 거의 전무하다. 저자는 여러 명의 일본학자와의 인터뷰를 통해 료칸의 루트를 정리할 수 있었다. 인터뷰에서 교토대학 경영조직론으로 저명한 히오키 교수(현 교토대학 명예교수)는 나라시대나 에도시대에서 현재와 같은 오카미는 존재하지 않았을 것이라고 했다. 사회적으로 안정되지 않은 시대에 아내와 딸을 손님 접대에 내보내는 것이 쉽지 않았기 때문이다. 또한 에도시대에의 오카미는 안살림을 중심으로 하고 손님 앞에 나오지는 않았을 것이다(日置, 1999). 시대적 상황을 고려한다면 메이지시대, 어느 정도 사회가 안정되면서 오카미가 손님 앞으로 나오며 접객을 시작했을 것이다. 메이지시대는 나라가 세워진 시대로 치안이 안정되어 자기의 부인이나 딸을 서비스현장에 내보낼 수 있는 환경이었다는 것이다. 따라서 지금의 오카미의 형태는 메이지 시대부터 존재했다고 볼 수 있다.

실질적인 서비스에 있어서 오카미의 발상(発祥)은 「미즈챠야(水茶屋)」에서부터 볼 수 있다. 히오키 교수는 미즈챠야(水茶屋) → 요리챠야(料理茶屋) → 마치아이챠야(待合茶屋) → 요리료칸(料理旅館)으로 이어져 왔다고 주장하고 있다(日置, 1999).[27] 좀 더 구체적으로 일본의 놀이문화 속에서 오카미의 서비스루트를 살펴보자.

단순히 차를 마시는 미즈챠야(水茶屋)에서 오카미는 어떻게 손님에 맞추어 즐거움을 선사할 수 있었을까? 해답은 놀이 그 자체를 구상하고 설계하는 데 있다. 고객에 맞추어서 요리와 접객 담당자를 선별하는 것이다.

마치아이챠야(待合茶屋)는 쟈시키(座敷, 놀 수 있는 방)를 대여하는 것이 중심이었고 그곳에서 오카미는 요리전문점에서 요리를 시키고, 게이샤(芸者, 도쿄에서는 일본기생을 부르는 명칭. 교토에서는 케이코(芸妓), 마이코(舞妓)라고 한다)를 불러 엔터테인먼트를 종합적으로 연출하는 역할을 담당하고 있었다. 고객에 맞추어서 즐거움의 요소를 재조절하는 프로듀서의 역할을 하였던 것이다. 일본의 접

---

26 이에(家, 집·가족) 개념은 시니세의 중추적 기반이기도 하다.

27 日置弘一郎(1999). 「女性事務補助職の総合的研究」. 文部科学研究報告書.

대문화 발달은 오모테나시를 코디네이트하는 오카미(女將)의 존재를 빼고 말할 수 없다. 사람의 서비스가 부가가치를 생산하고 있었기 때문이다. 다시 말해, 일본의 서비스문화는 에도시대부터 시작되었다고 해도 과언이 아니다. 이러한 루트를 통해 차야(茶屋)의 오카미 오모테나시 형식이 '메이지시대 이후' 료칸으로 전수되었다.

오카미의 역사는 료칸의 역사와 함께 걸어왔지만 오카미의 역할은 시대에 따라 조금씩 다르다. 사실 지금의 료칸 시스템은 그렇게 오래된 것도 아니고 교토의 경우는 현재처럼 1박 2식(조식/디너, 일반적으로 료칸은 1박 2식으로 요금이 설정되어 있다)으로 정해져 요리를 제공하는 것이 아니라 여러 곳의 요리집과 제휴하여 손님에 따라 요리집을 코디네이트했다. 요리뿐만 아니라 고객을 접대하는 나카이도 손님에 따라 바뀌었다.

또한 오카미는 나카이(접객종업원)의 교육과 고객을 분류하는 업무를 진행했고 위기관리의 책임자이자 료칸의 운영관리자로서의 역할을 담당하기도 하였다.

● 서비스리더, 오카미의 역할

현재 여러분이 생각하고 있는 료칸의 일본스러운 서비스를 유지하고 계승하는 오카미는 총괄적으로 어떠한 역할을 했을까? 고객맞춤형, 엔터테인먼트 요소를 연출하는 프로듀서의 역할을 하였다. 그녀들이 지금까지도 료칸의 접객서비스를 담당하고 있다. 나카이(접객종업원) 교육과 고객을 파악한 뒤 고객과 접객종업원을 매치시켜 좋은 호흡을 만들어 내는 것이 오카미의 커다란 역할 중하나이다. 오카미 한 사람이 전체 고객을 상대할 수 없기 때문에 고객의 취향에 맞는 접객종업원을 적재적소에 배치시키는 것이 무엇보다 중요한 업무일 것이다. 몇십 년 동안 명성이 자자한 명문료칸의 오카미에게도 가장 어려운 것이 고객과 나카이의 매칭작업이라고 한다. 이러한 오카미의 일이 현재 일본의 커리어우먼(career woman)의 원형이다.

[그림 10]　서비스기업 3자의 관계성

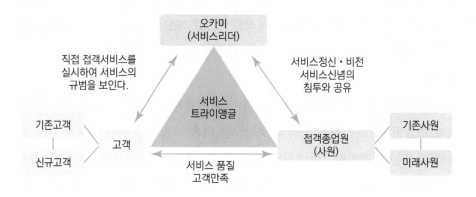

위 그림은 오카미, 접객종업원, 고객 3자의 관계성을 도식화한 것이다. 우선 오카미는 서비스에 대한 방향성과 비전, 료칸의 오모테나시 정신에 대하여 매일 접객종업원인 나카이에게 교육시킨다. 나카이는 오카미의 서비스에 관한 생각을 이해하고 오카미의 비전에 따라 접객을 한다. 고객에게 있어 료칸의 퀄리티나 서비스의 성과(평가)는 나카이의 접객행위에 의해 결정되므로, 오카미는 철저하게 나카이를 통해 자신의 서비스를 평가받아야 한다. 간접적으로 퀄리티에 관여하고 있기 때문이다. 이러한 일련의 연쇄고리에 의한 서비스설계가 어떻게 평가되느냐에 따라, 료칸의 브랜드가 형성된다.

료칸 경영뿐만 아니라 대인 서비스업은 열악한 환경 속에서 자동화, 재료경비의 절감, 서브의 자동화(반송시스템화)에 의한 효율화를 도모하지 않으면 안 된다. 현대의 종업원 교육도 일정수준까지 철저하게 매뉴얼화함으로써 모든 고객에게 동질의 서비스를 제공하도록 하고 있으나, 사람을 상대로 하는 료칸서비스에 있어서 모든 과정을 완벽하게 매뉴얼화하는 것은 간단한 일이 아니다. 또한 오카미는 고객을 직접 접객한다. 오카미가 접객을 하는 경우에는 종업원에게 접객의 규범을 보여 주어야한다. 숙박산업은 인재 부족뿐만 아니라 노동력 부족 등 양적·질적 양측 면에서 힘든 상황이다. 더불어 접객종업원은 이직률이 높으며 비정규직이나 파견사원인 경우도 많다. 이러한 불안정한 접객 종업원의 고용 상황 속에서 오카미의 서비스는 매우 중요하다. 자신의 료칸이 지향하는 서비스 규범을 보여주는 것에는 큰 의미가 있다. 따라서 많은 오카미들이 그녀들의 가장 중요한 업무로 접객종업원 교육을 뽑고 있다.

물론 현재의 모든 료칸에 오카미 제도가 존재하는 것은 아니다. 현 일본의 료칸은 다양한 형태의 경영방식이 존재하고 개개인의 집안 사정에 따라 경영방침 또한 다르기에 어떠한 형태가 베스트라고 장담할 수도 없다. 또한 오카미 제도를 운영하는 료칸에서도 오카미 본인의 퍼스널리티나 경영에 대한 생각, 운영 시스템은 다양하다. 어느 쪽이 옳고 그른지 논하기 어렵다. 또한 오카미가 원활하게 기능하기 위해서는 최적 규모가 필요할 것이다. 현장에서 활약하는 오카미들은 이구동성으로 소규모 료칸에서 오카미의 역할이 가장 크고 효과적이라고 한다. 소규모란 20실 전후를 말한다. 이런 규모라면 간판 오카미의 존재감이 두드러질 것이고 고객과의 접점이 많아 고객의 상황을 상세하게 파악할 수 있으며 고객에게 직접 서비스를 제공하는 것도 가능하다는 것이다.

하지만 실제로는 최적 규모와 상관없이 오카미는 료칸이 놓인 상황에 맞추어 자신의 역할을 하고 있다. 아타미(熱海) 지역의 대규모 료칸의 오카미는 숙박하는 고객의 정보를 수집하여, 철저하게 접객에 활용하고 있었다. 수많은 고객의 이름을 완전히 외우기가 어려우므로 메모를 하여 들고 다니면서 고객의 이름을 불러 친근감을 표현하기도 하고, 종업원의 출신지역을 명찰 위에 적어 두어 동향의 고객과 고향 이야기를 주고받을 수 있도록 서비스설계를 해 놓았다. 저자가 2000년에 오카미 인터뷰 당시 인상 깊었던 것은, 대중적인 이자카야(居酒屋)나 레스토랑에서도 가끔씩 종업원의 명찰에 출신지역이 적힌 경우를 볼 수 있었다는 것이다. 이를 통해 역시 **서비스는 모방하기 쉽다**(코모디티화=commoditization)는 것과 이러한 요인들이 서비스 차별화의 영원한 숙제라는 생각이 들었다.

한편 료칸의 규모가 100실이 넘는 대규모인 경우 오카미 혼자 모든 고객을 상대하기에는 한계가 있다. 규모가 커지면 종업원의 수도 많아지므로 많은 접객종업원이 어떻게 접객을 하고 있는지 실제로 관리 감독하는 것은 쉽지 않다. 그러나 100실 이상의 대규모 료칸에서도 오카미의 대응은 천차만별이다. 우선 "오후 6시부터 8시까지 디너 시간 모든 객실에 오카미가 인사를 한다. 철저하게 고객과의 접점을 갖도록 신경을 쓴다"라는 오카미가 있다. 그런가 하면 자신의 분신같은 5명의 오카미를 지명하여 철저하게 교육에 주력한다는 오카미도 있다. 이렇듯 오카미에 따라 료칸의 운영 방식이 다르다. 100실 이상의 대규모 료칸에서도 경영에 있어서 기업과 가업의 미분화가 많이 보인다. 한편으로는 50실 정도의 료칸을 보다 조직화하여 기업처럼 운영하는 곳도 있다. 하지만 이런 경우 조직표와 상관없이 가족경영적인 측면이나 **조직경영의 미분화(未分化)**를 발견할 수 있다. 집의 개념이 뿌리 깊게 존재하고 있는 것도 료칸의 루트를 본다면 이해가 된다.

일반적으로 25실이하의 경우에는 오카미의 손길이 모든 곳에 미칠 수 있는 규모이므로 운영에 문제가 없으나, 규모가 커지면 경영과 운영을 분류할 필요성이 생긴다. 하지만 료칸경영은 아직까지 기업경영보다 가업으로 계승되는 경우가 많으며, 이러한 운영형태는 료칸의 개성과 서비스 차별화로 이어지는 경우도 있다.

오카미라는 포지션은 고객에게 오모테나시를 표현하고, 나카이(종업원)의 오모테나시 전반에 대한 책임자로서의 역할을 수행한다. 오카미가 몇백 년이 지난 지금까지도 전통적인 오모테나시 경영을 할 수 있는 것은 집의 개념이 존재하고 있고, 료칸이 각 집의 가풍에 따라 경영되고 있기 때문이다. 그렇가면 일본의 오모테나시를 실천하고 있는 오카미의 업무 능력은 무엇일까? 오카미의 업무는 프론트 스테이지(front satage)에서 확인할 수 있다. 이 또한 료칸마다 주요 무대가 약간씩은 다르다. 다시 말해 그 집(료칸)의 주력(core)상품이 무엇인가에 따라 오카미의 활동무대도 달라진다. 예를 들어 보자. 어느 료칸의 오카미는 갓뽀료칸(割烹旅館, 요리료칸)으로, 요리가 그 료칸의 부가가치를 높이고 있는 곳이다. 이곳의 오카미는 주방에서 많은 시간을 보낸다고 한다.

일반적으로 오카미의 업무 능력은 다방면으로 많은 사람들과 관계를 형성하는 가운데 발휘되는 경우가 많고, 대인접촉 그 자체가 일이기도 하다. 오카미는 고객에게 료칸서비스의 상징적인 존재일 뿐만 아니라 내부적으로는 서비스 현장에서 활약하는 나카이(접객종업원)에게 료칸서비스의 규범을 보이는 역할이다. 끊임없이 나카이들의 상황을 관찰하고 현장의 리더로서 함께 체험을 통해 료칸서비스의 기본 규범을 침투시킨다.

가업으로 료칸을 계승하는 오카미는 솔선수범으로 행동하며 고객의 마음을 사로잡아 **지속적인 관계**를 맺어 운영하고 있다. 다시 말해 오카미 자신이 서비스 그 자체여야 한다는 것이다. 가업의 전통을 계승하는 오카미들도 전통을 지키는 것뿐만 아니라 손님이 요구하는 니즈를 항상 발굴하여 변화를 추구해야 하는 연속선상에 놓여있다. 최근에는 오카미의 직무능력, 즉 일 그 자체가 많이 변하고 있다.

오카미의 일이란 인간관계를 무엇보다 중시하는 것이다. 업무처리능력 이상으로 인간관계의 연쇄사슬 속에서 **인적배치를 얼마나 능숙하게 하느냐**가 중요하다. 이러한 성질은 일본의 이에모토조직과 많이 닮은 부분이다. 하마구치(浜口, 1983)[28]교수는 일본 기업조직의 특징으로 **이에모토(家元)조직**(=굳이 표현하자면 한국 종가조직 체계와 비슷하다)이라는 말을 썼다. 아베(阿部, 2022)에 의하면 이에모토조직은 세습이라고 오해를 받는 일이 많지만 실상은 그렇지 않다. 그는 『토요타의「이에모토조직」혁명』 저서에서, 이에모토는 그 유파(流派)의 사상과 기술(와자, 技)의 오너이자, 이러한 비범한 레벨까지 체계화한 전승자이기도 하다. 이러한 조직 리더의 권위는 자본의 힘에 의거하는 서양식의 리더십과는 많이 다르다"라고 기술하고 있다. 토요타는 일본의 오모테나시정신이 살아있는 조직으로 유명하다. '위하여'경영은 토요타 경영철학에 뿌리깊게 심어져 있다. 이러한 거대조직이 지속적인 성장을 하는 동력에는 다음세대를 위한 이익의 원천을 만들어내기 위함이 있다. 이러한 이념은 종업원들에게 신뢰가 구축됨으로써 비로소 성립되는 것이다. 토요타는 일본 이세진궁의 이 20년에 한번씩 신궁(이세신궁)을 다시 지어서 옮기는 일처럼(式年遷宮), 20년마다 모델 체인지를 하는 것으로 엔지니어의 기술과 만드는 방식을 다음 세대에 전승하고 있다고 설명한다. 이처럼 일본에서는 자신의 기술을 다음 세대에 교육하여 비록 느리더라도 시간과 공간을 제공하고 투자하는 것이 지속성의 배경이다.

28 浜口恵俊(1983). 「日本的組織の編成原理再考─『集団主義』から『間人=間柄主 義』へ」 『組織科学』 17(1), 19-26 .

[그림 11] 토요타의 '이에모토' 경영개혁

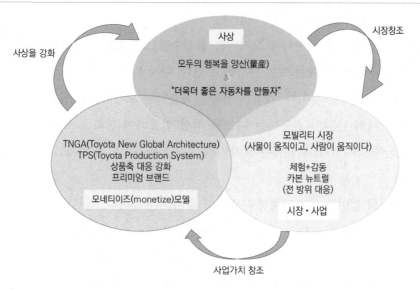

출전: 阿部修平(2022). 『トヨタ「家元組織」革命』. リンクタイズ.

　토요타의 아키오 전 사장이 경영 최전선에서 한발 물러나자 토요타 아키오 전 사장의 경영에 관련된(업적, 철학, 리더십 등) 책이 쏟아지고 있다. 그중에서 특히 저자는 조직문화와 관련된 부분에 흥미를 느꼈는데, 바로 이에모토조직이다. 모든 기업의 창업이 그러하듯 제품에 애착을 가진 창업자와 같은 공감대를 가진 사람들이 단합하여 아키오의 "더욱더 좋은 자동차를 만들자"라는 신념하에 그의 개혁은 시작되었다고 한다. 좋은 차를 만들어 고객에게 더 평가받고 만족시키자는 원점으로의 귀환이다. 자사의 제품에 기뻐하는 고객의 모습을 보고 토요타 사원으로서 프라이드를 갖고 행복해지는 긍정적인 연쇄사슬을 확대해 나가는 것이다. 아키오의 이에모토경영은 숫자에 쫓기는 과거의 답습으로부터 사원을 해방시켰다. 또한 아키오의 이에모토경영의 강점은 토요타의 가이젠(개선) 활동에서도 볼 수 있다. 본래 이에모토조직 자체가 가르치고 배우는 과정에서 기술이 전승되며 개인의 기술 향상을 지향한다. 구성원들이 서로 자발적으로 가르치고 배우는 문화가 이에모토조직에서는 뿌리 깊게 자리하고 있다. 최근 퍼포스(purpose)경영[29]이 경영론에서 많이 화두가 되고 있다. 기업 경영에서 자사의 사회적 존재 의의를 새롭게 정리하고 왜 우리가 존재해야 하는지에 대해 생각하며 기업경영에서 많이 읽히고 있다. 일본문화에서는 옛부터 이어져온 이에모토경영과도 비슷한 점을 많이 엿볼 수 있다.

일본의 전통적 **이에모토조직이란 업무를 잘 하는 것이 아니라 업무를 잘 할 수 있는 사람을 배치하는 것이 중요시되는 조직으로**, 이에모토는 조직의 구성원이 서로 공감할 수 있는 공감대를 형성하는 것이 중요하다.

또 한 가지 흥미로운 것은 오카미는 종업원에서 선발되는 경우가 드물다는 것이다. 온 집안의 딸이나 며느리가 비즈니스를 계승하여 될 수 있는 직위인 것이다. 드물게 직업 오카미도 존재하나 그녀들은 후계자 계승이 어려운 료칸이나 대기업이 운영하는 리조트 시설의 료칸 시스템에서 오카미 제도를 도입하고 있어 사원으로서 오카미라는 직함을 받는다. 하지만 저자의 조사에 의하면 직업오카미는 조직 구성원에게 전통적인 오카미와는 달리 료칸의 전통성을 계승하고 있지 않으므로 오카미로서의 리더십은 발휘하지 못하는 것으로 밝혀졌다. 오카미는 아무나 되는 것이 아니었다. 물론 자신이 료칸을 창업을 하면 창업오카미가 될 수는 있다. 1999년과 2010년 두차례 샘플조사 결과 일본료칸의 오카미는 며느리나 딸이 계승하는 경우가 대다수였다. 며느리가 전체의 50%~56%정도 차지하고, 딸의 경우 25% 전후를 차지했다. 대략적으로 전체 오카미의 80% 전후가 며느리나 딸이라는 것이다. 일본의 료칸은 1980년대는 8만 정도의 사업체가 있었으나 2020년을 기준으로는 약 4만 8천채정도이다. 오카미제도가 전부 존재한다고 볼 수는 없으나 적어도 반 이상의 기업에 오카미가 존재한다고 추정한다면 일본에는 료칸 업계에만 약 2만 명의 오카미가 존재한다고 할 수 있다. 서비스 리더십은 천성적인 자질과 행동으로, 그리고 행동은 학습을 통해 키워갈 수 있다. 서비스 산업의 특성상 서비스를 제공하는 측도 서비스를 받는

---

29 퍼포스(purpose)경영이란 기업이 사회에 어떠한 역할을 하고 있는지 자사의 존재 의미를 발휘하고 있는지에 대한 'purpose'를 정하고 그 목적을 기준으로 기업경영을 실시하는 것이다. 우리에게 많이 알려진 기업으로 파타고니아가 있다. 파타고니아는 기업철학 실현을 위해 'Partagonia Purpose Trust' 법인으로 영리추구 기업이 지구환경을 보호하면서 사업을 수행할 수 있도록 정책을 결정했다.

측도 모두 인간이기 때문에 예측불가의 요구가 고객으로부터 발생하는 상황 속에서 환경의 변화와 과제의 불확실성에 대처할 수 있는 리더가 요구된다. 오카미들은 자신들의 리더십에서 중요한 것은 자질보다 상황에 순응해 가는 것이라고 한다. 온천 지역의 오카미들과의 이야기를 통해 그들이 지역의 변화와 고객층의 변화 등 상황에 의해 자신들의 역할이 변하고 있는 것을 느끼고 그 상황에 맞추어가고 있음을 알 수 있었다. 그녀들의 업무 환경은 료칸의 규모, 나카이(접객종업원)의 교육, 일의 명확성 등에 의해 좌우되기 쉽다. 다양한 변수에도 많은 료칸 오카미들은 자신의 소질을 적극적으로 료칸 운영에 활용하고 있다. 그러나 외국인에게 일본 전통문화의 상징처럼 여겨지는 료칸의 수가 감소하면서 오카미의 존재성에도 빨간 불이 켜졌다.

▶ 일본의 숙박산업: 호텔과 료칸의 공존

일본의 숙박시설에서는 아시아 지역에서는 좀처럼 볼 수 없는 흥미로운 점을 발견할 수 있다.

일본의 숙박업을 크게 분류하면 다음과 같다. 먼저 도시에는 메이지(明治, Meiji) 이후에 일본에 들어온 서구식 구조와 설비를 갖춘 호텔이 있고, 지방이나 온천 등의 관광지역에서는 일본 전통 건축양식과 설비를 갖춘 료칸이 숙박서비스를 제공하고 있다. 두 개의 서로 다른 형태의 숙박시설은 시대의 변천에 따라 자연스럽게 공존하여 왔지만 공존 속에서도 호텔은 증가하고 료칸은 감소하고 있다.

국가정책의 일환(一環)인 일본 관광정책의 성공으로 2011년 662만 명이었던 외국인 관광객이 2018년에는 3천만 명을 넘었다. 증가하는 방일외국인 관광객과 더불어 숙박산업은 매우 중요한 포지션을 차지하고 있다. 특히 방일 외국인의 호감도가 높은 일본전통료칸의 고유 서비스인 오모테나시(omotenashi, おもてなし)가 주목받기 시작하였으나 도심 중심의 관광 집중 현상이 좀처럼 지방으로 분산되지 않아 숙박업을 둘러싼 호텔 부족 현상은 점점 심각해지고 있

다. 지방 료칸에서는 투숙객을 아직도 받아들일 여유가 있으나 고객 이동은 좀 처럼 해결되지 않고 있다. 이런 시대적 경향에 맞춰 2012년 료칸의 글로벌 전개가 시작되었고, 2020년 도쿄올림픽을 목표로 2017년에는 도쿄 중심에 호시노야 도쿄라는 전통료칸을 황궁 근처, 일본 관청이 모여있는 곳에 오픈하였다. 외국인 관광객을 대상으로, 일본의 전통적인 문화를 부가가치로 하는 전통료칸이 수많은 글로벌 럭셔리 호텔과 경쟁을 선포한 것이다. 호시노 리조트 도쿄는 일본의 생활문화 중 유일하게 남아 있다고 하는 현관에서 신을 벗는 문화를 프런트(front)에 도입하였다. 서양인에게 신을 벗는 것은 침대에 들어갈 때뿐이다. 공간개념에 대한 서양과 동양의 문화차이가 확실히 드러나는 모습이다. 이러한 차이를 부각시키는 상당히 도전적인 서비스설계라 할 수 있다.

출전: ⓒ星野リゾート.

　세계적인 럭셔리 글로벌 브랜드의 포시즌 호텔 체인 등은 일본의 대표적인 문화관광 지역인 교토에 계속적으로 진출하며 여태까지와는 다른 호텔 운영과 전략을 보이기 시작하였다. 또한 일본의 도심부뿐만 아니라 지방에 오픈한 세계적인 호텔 체인들은 일본의 전통문화를 적극적으로 호텔 디자인에 도입하고 있어 료칸인지 호텔인지 알 수 없을 정도로 일본스러움을 강조하고 있다.

　1990년 후반부터 시작된 외국브랜드 계열의 small luxury 호텔은 스몰럭셔리 서비스를 중심으로 인기를 얻기 시작했고 료칸의 인적서비스를 적극적으로 수용하여 차별화를 모색하고 있다.

저자는 고객의 시점에서 호텔과 료칸이 어떻게 비교되고 있는지 정리하였다. 호텔과 료칸의 건축양식, 객실의 타입, 서비스의 중심, 욕실 형태, 식사제공과 요리, 객실, 경영스타일 등을 기준으로 비교하였다.

접객서비스, 인적서비스의 상징인 호텔은 총지배인(general manager)을 중심으로 벨맨과 클래식 슈트를 입은 젠틀맨의 프런트(reception) 서비스를 중심으로 설계되어 있다. 료칸은 기모노를 입은 안주인인 오카미(女将)와 접객종업원 나카이(仲居)가 중심이 되어 서비스를 제공한다. 또한 료칸의 경우 오너가 관내에 상주하는 경우가 많지만, 호텔은 기존의 조사에서 나타나듯 총지배인이 상주하는 경우는 매우 드물다. 료칸처럼 오너가 상주하는 경우에는 시설 내에 발생하는 문제를 발빠르게 대처할 수가 있다는 장점이 있다. 실제로 많은 오카미들은 한밤중에 발생한 고객의 응급상황, 나카이와의 트러블, 관내서비스에 대한 불평등에 발 빠른 대처를 할 수 있다. 물론 호텔도 총지배인이 관내에서 생활하는 경우도 있다.

▶ 일본 숙박시설의 역사적 변천

오늘날처럼 료칸에서 식사를 제공하는 것이 일반화된 것은 에도 켄로쿠시대(元禄時代, 17세기 후반)부터라고 한다. 에도시대(江戸時代)의 3대 장군인 도쿠가와 이에미츠(德川家光)시대에 탄생한 혼진(本陣), 와키혼진(脇本陣)에서 현재의 료칸으로 발전했다는 연구자도 있으며, 오늘날같은 료칸의 접객서비스는 메이지(明治時代)에 들어서면서 틀이 확립된 것이라는 연구자도 있다. 일본 숙박시설의 역사적 변천을 살펴보면, 나라시대(奈良時代)의 '후세야(布施屋)'로 거슬러 올라간다. 교통기관, 교통망도 발달하지 않은 당시에 노숙을 하면서 여정길에 오르는 것은 생명을 건 일이었다. 이러한 열악한 환경에서 여행객들은 길에서 아사(餓死)하기도 했는데, 이를 보다 못한 스님들이 여행객 구제 목적으로 서민의 숙박시설인 후세야(布施屋)를 만들었다. 이곳이 가장 오래된 숙박시설이다. 후세야(布施屋)는 사원이나 신사에 맡겨진 일종의 사회적 봉사로 자선 사업적인 의미를 가지고 있다.

황족이나 귀족의 신앙지 참배여행이 활발해지면서 헤이안시대(平安時代)는 장원이나 사원이 숙박에 이용되었다. 사원 내에 마련된 숙박시설은 신자와 참배인에게도 개방되어 훗날 슈쿠보(宿坊)라 불리며 일반적으로 이용되는 숙박시설로 계승되었다. 대표적으로 1200년 전통의 고야산(高野山)의 슈쿠보를 들 수 있다. 다수의 료칸 오카미 인터뷰에서 현재의 전통료칸 오모테나시정신의 원형으로 슈큐보(宿坊)를 말하는 오카미가 많았다. 아마도 슈큐보의 오모테나시정신이 료칸 오카미에 의해 전승되기 때문이 아닐까 싶다.

가마쿠라시대(鎌倉時代)에 킨친야도(木賃宿)가 출현한다. 킨친야도(木賃宿)는 식사를 제공하지 않고 취사용 장작값만 받는 시설이라 하여 붙은 이름이다.

무로마치시대(室町時代)에는 숙박시설이 존재하는 마을이 발달하기 시작한다. 또한 특정 신사에 소속된 참배자를 안내하고 참배·숙박의 여행자나 참배객들의 편의를 봐주는 온신(御師, 스님)이 등장한다. 온신은 쿠마노(熊)와 고야산(高野山)의 슈쿠보(宿坊 템플스테이)에도 출현했다. 이세진구(伊勢神宮)의 게쿠(外宮)에 있던 온신(御師)은 사람들의 여행에 있어 중요한 존재였다. 지금으로 말하자면 온신(御師)이 투어 가이드같은 역할을 한 것이다.

에도시대(江戶時代), 고카이도(五街道, 중앙을 중심으로 낸 5개의 중요한 도로)를 중심으로 교통기반이 정비되면서 각지에 숙박지역이 형성되었다. 하타고(旅籠), 혼진(本陣), 와키혼지(脇本陣) 등이 다수 존재하여 숙박뿐만 아니라 식사까지 제공하였다. 식사를 제공하는 숙박시설을 하타고(旅籠)라 불렀고, 공식적으로는 지역 간의 자유로운 이동이 인정되지 않았으나 종교적인 순례나 참배는 예외였다. 또한 온천치료(湯治, hot spring cure)나 관광유람은 비교적 자유로워 서민의 여가생활도 풍요롭게 발전되었다. 뿐만 아니라 이세마이리(伊勢参り, a pilgrimage to Ise Shrine)와의 교역을 위한 왕복도 빈번해졌다. 다시 말해 에도시대는 일반 대중 여행의 붐이라 할 수 있다. 이 시대부터 하타고(旅籠)는 상업적인 숙박시설로 변화하였다.

에도시대 후기 이후부터 서민들은 다양한 목적으로 여행을 즐기기 시작했으며 이러한 여행자들의 이동은 결과적으로 다양한 숙박시설의 등장으로 이어진다. 예를 들면, 상업이 왕성해지면서 등장한 「상인(商人)의 숙소」, 명소·경승지에는 「관광거점(観光拠点)의 숙소」가 등장했다. 또한 위의 숙박시설과는 다른 성격을 띤 숙박시설도 등장하였다. 음식과 가무를 목적으로 한 챠야(茶屋)에 숙박기능을 더한 챠야료테이(茶屋料亭)가 대표적인 예이다. 차야료테이(茶屋料亭)에는 사원·신사참배 왕복 시에 쇼진오토시(精進落, 수행기간을 마치고 일상으로 돌아가기 위한 유흥)를 목적으로 한 숙박시설이 있었다. 다시 말해 에도시대부터 음식, 숙박, 목욕, 유흥의 기능을 갖춘 오늘날의 료칸과 유사한 시설이 등장했다는 것이다.

메이지시대(明治時代)에는 메이지유신(明治維新, 1868년) 후 철도 등의 인프라가 발달하면서 여행 형태에 커다란 변화가 생겼다. 예로 역전료칸(駅前旅館, 에키마에 료칸)의 탄생을 들 수 있다. 사람들의 여행 형태도 사찰·신사의 참배와 유흥 여행뿐만 아니라 피서·피한·레크리에이션 등의 목적으로 다양화되기 시작한다. 그 결과 하타고는 쇠퇴하였고, 혼진(本陣)은 고급료칸으로 발전하였다. 전국의 온천지에는 토오지(湯治)를 목적으로 한 온천료칸(温泉旅館)과 토오지료칸(湯治旅館)이 발달하였다. 오늘날 료칸의 원형은 이 시대에 형성되었다.

쇼와시대(昭和時代)에는 국제관광호텔을 정비하며 관광지 료칸으로서 대형료칸이 주요 온천지에 탄생하게 된다. 이 시기에 본격적으로 온천료칸, 온천 관광료칸, 관광료칸 등이 전국의 온천지와 관광지에 생겨났다. 그 후 국민소득수준의 향상, 여가의 증대, 가치관의 다양성이 더해지면서 료칸의 수는 1980년까지 증가했고 시설규모는 1992년까지 성장세를 보였다. 그 이후로는 호텔의 증가와 상반되게 료칸 감소 경향이 지속되고 있다.

시대에 따라 숙박시설의 **서비스 제공자**는 변해 왔다. 료칸서비스의 원천을 슈쿠보(宿坊)라고 보는 료칸 경영자가 많은데, 슈쿠보의 서비스는 종교적 의미에서 서비스보다는 호스피탈리티에 가깝다. 그러한 의미에서 호스피탈리티(hospitality)와 오모테나시(omotenashi)의 개념은 가까운 듯하다. 또한 슈쿠보의 서비스 제공자가 에도시대부터 남성(스님)에서 여성으로 서비스의 중심이 바꿔지 않았을까라고 추측해 본다.

한편 오쿠보(大久保, 2013)[30]는 1964년 도쿄올림픽이 개최되면서 시작된 도쿄를 중심으로 한 호텔건설 러쉬를 일본 호텔의 실질적인 시작이라고 본다. 대표적인 호텔로는 올림픽에 발맞춰 오픈한 호텔오쿠라(1963년), 일본 최초의 외국자본 호텔 Tokyo Hilton(현 The Capital 호텔 Tokyu, 1963년) 등을 들 수 있다. 이 시기부터 일본의 공업제품 수출이 증가하였고 이를 계기로 일본과의 비즈니스를 위해 많은 외국 바이어들의 방일이 늘어났다. 숙박, 상담, 회식 등의 장소로 호텔을 이용하였으며 이는 곧 호텔 급증으로 이어졌다. 이러한 법인 이용은 일본호텔의 성장 원동력이 되었다.

1970년에 오사카 만국박람회가 개최되면서 183일의 개최 기간 동안 6400만 명의 사람이 방문했으며, 이는 대부분 전국각지의 국내관광객이었다. 이 때 간사이(関西) 지역을 중심으로 호텔건설 붐이 일어난다. 이 시기에 국민의 가처분소득이 증대하여 개인여행객이 늘어남에 따라 호텔 성장을 촉진시켰다. 또한 정책적으로 국민 여가시간의 증가(주 2일제), 해외여행의 자율화를 통해 국민의 호텔 이용이 자연스러워지면서, 결혼식 등의 호텔 이용이 증가한다. 이렇듯 1970년에 걸쳐 1980년대까지는 일본호텔의 번창기(성수기)라고 볼 수 있다. 호텔 건설 가속화의 요인으로는 국내 항공 노선이 지방 도시로 급속히 확충된 것과 자동차 보급으로 인한 고속도로망의 정비 등이 있다. 현 청 소재지의 거점도시를 중심으로 시티호텔과 비즈니스호텔이 건축되면서 1980년대에 지방도시 호텔 건설 붐이 도래했다.

힐튼 호텔 이후 국제적으로 볼 때 이상(異常)현상이라 할 정도로 외국자본 진출이 저조했던 일본 호텔업계에 글로벌 브랜드의 호텔 진출이 본격화되는 것은 버블 붕괴 이후 1990년대 후반부터 시작된다.

일본 여행의 역사와 함께 걸어온 료칸 역사의 문화적인 위치와는 달리, 호텔은 그 역사가 100년 정도로 상당히 짧은 시간 안에 급성장했다.

---

30 大久保あかね(2013). 「近代旅館の発展過程における接遇(もてなし) 文化の変遷」『観光文化』
    217号. 17-20.

출전: Hyatt Regency Kyoto (호텔에서 제공받음).

또한 호텔일지라도 숙박시설은 그 나라 고유의 문화에 영향을 받기 때문에, 교토 Hyatt의 경우는 기모노 옷감인 니시진오리(西陣織)의 디자인을 활용한 베드 커버 등으로 이국적인 분위기를 자아낸다.

● 숙박 객실수의 동향

1980년 후반 료칸은 일본의 버블 붕괴와 더불어 점차적으로 감소하기 시작하여 현재는 4만 4천여 곳, 객실 수는 74만 977실로 전성기에 비교하면 3만 7000곳 이상이 감소한 상태이다. 수적 감소에도 불구하고 현재까지도 4만채 정도가 료칸업을 운영하고 있으며 이는 일본 전국의 편의점 수와 필적하나 현재는 편의점이 좀 더 많다. 2000년부터 역산해 보면 시설 수는 료칸은 42% 감소, 호텔은 28% 증가를 계속하고 있다.

또한 료칸 숙박업은 영업채 수의 감소에 비하여 객실 수는 그다지 감소하지 않은 특징을 보인다. 그 배경에는 같은 지역 내의 소규모 료칸에서 대규모로 전환한 경우나 지역 내에서 경기가 좋은 료칸이 쇠퇴해가는 료칸을 인수하여 경영자는 바뀌어도 숙박시설로 여전히 운영되고 있는 경우가 있다.

[표 5] 료칸·호텔의 추이

연도	료칸(旅館) 시설수	료칸 객실수	호텔 시설수	호텔 객실수
2000	64,831	967,645	8,220	622,175
2001	63,388	949,959	8,363	637,850
2002	61,583	934,377	8,518	649,220
2003	59,754	898,407	8,686	664,460
2004	58,003	870,851	8,811	681,025
2005	55,567	850,071	8,990	698,378
2006	54,070	843,193	9,165	721,903
2007	52,259	821,870	9,427	765,482
2008	50,846	807,697	9,603	780,505
2009	48,966	791,907	9,688	798,070
2010	46,906	764,316	9,629	802,060
2011	46,196	761,498	9,863	814,355
2012	44,744	740,977	9,796	814,984
2013	43,363	735,271	9,809	827,211
2014	43,363	710,019	9,879	834,588
2015	40,661	701,656	9,967	846,332
2016	39,489	691,962	10,101	869,810
2017	38,622	688,342	10,402	907,500
2018	법 개정에 의해 료칸·호텔 통합 49,502 건수, 164만 6065실			
2019	료칸·호텔 51,004 건수 170만 7078실			

출전: Ministry of health, Labor and Welfare 「위생행정보고(생활위생관계)」를 참조로 작성.

　　료칸의 영업체 수 대비 객실 수의 비율을 고려하면, 현재 료칸은 스기야(数奇屋) 스타일의 소규모 고급료칸처럼 객실이 독립되어 있고 25실 전후를 유지하며 양질의 인적서비스를 제공하는 개성적인 시설이 각광을 받고 있음을 알수 있다. 그러나 100실이상 규모의 경제(Scale Merit)를 추구하는 료칸이라도 규모와 상관없이 가업의 운영방식을 고집하는 곳이 많으며, 새로운 리조트 스타일과 최소한의 인적서비스로 운영에 성공한 료칸도 있어 양극화 현상을 보이고 있다.

료칸을 둘러싼 경영환경은 상당히 복잡하다. 변화하는 고객의 니즈와 시장의 니즈 및 욕구에 대응하기 위한 시설 리뉴얼이 불가피하여 결국 상당한 시설투자를 하게 되고 투자액이 회수되기 전에 또다시 새로운 니즈가 등장하면 경영파산으로 이어지는 경우도 많다. 또한 료칸 자체의 문제보다는 지역의 문제가 료칸 경영에 직결되는 경우도 많다. 예를 들면, 온천료칸은 단독으로 존립하는 것이 아니라 온천가(温泉街)의 중요 구성요인으로 존립하는 경우가 많으며, 지역의 료칸들과 더불어 공존공영하는 관계에 있다. 따라서 온천지역이 인기가 있으면 그 마을 전체가 활기를 띠게 되는 경향이 강하다. 이러한 지역은 일본의 온천가에서는 흔히 볼 수 있다.

온천가에서는 일본의 유카타를 입고 마을을 돌아다닐 수 있다. 일본 문화에 관심이 있어 방일하는 외국인은 이런 산속 마을을 그냥 평온하게 걸어 다니는 것만으로 힐링을 한다(출전: 구로카와 온천가).

이와는 반대로 지역의 인기와 관계없이 유명한 료칸의 존재만으로 그 지역 전체를 활기 있게 하는 경우도 있다. 또한 온천료칸이 형성되어 있는 지역은 수입을 창출하는 다른 산업이 없어 관광산업에 대한 의존도가 높은데, 온천료칸은 이러한 지역의 고용을 창출, 수용하는 데 있어 중요한 역할을 하는 경우가 많다. 이 가운데 료칸 경영 부진으로 인한 료칸갱생(事業再生) 비즈니스가 이슈가 되기도 했다.

▶ 지금 왜 료칸산업에 주목하는가?

2018년 방일외국인의 여행소비액은 4조 5,000억엔으로 발표됐다. 그중 숙박비는 쇼핑 다음으로 많은 13,222억엔(전체 29.3%)을 기록했다. 긴 코로나19의 터널 끝에 2023년 일본 정부는 방일외국인을 통한 관광소비수익 5조엔을 목표로 관광정책을 시작했다. 일본은 긴 불황과 저출산 고령화, 국내 경제의 장기 침체를 극복하고 더불어 지방소멸 위기 극복을 위해 인바운드(방일외국인 관광객)를 중심으로 한, 교류인구를 증가시키는 관광입국 정책을 시작하였다. 계속적으로 인구가 감소하고 있고, 여행소비액이 국내관광에 치중되어 있는 상황에서 극적인 회복은 쉽지 않을 전망이었다. 이러한 감소 경향은 2012년부터 방일외국인의 증가와 더불어 전체적으로 상승 방향으로 나아가면서 멈추었다. 방일외국인의 여행소비액은 4조엔을 넘어섰다.

방일외국인 급증에 의한 경제효과의 증대와는 반대로 숙박시설 부족 현상이 일어나고 있다. 2017년 숙박시설 전체의 가동률은 60%를 넘었다. 이것은 관광객의 집중도와 전통료칸의 대응현상 등 여러가지 문제점이 발생하고 있으나 방일외국인의 증가와 함께 재방문도 늘어나고 있다는 것이다. 지방의 방문율이 상대적으로 높아지고 있으므로 정책적으로 잘 정비하여 점차 도심부 집중현상을 해소시키기 위한 노력이 필요해졌다. 현재 지방료칸의 가동률은 충분히 사람을 더 받아 들일 수 있는 정도이다.

실질적으로 JTB(2015)가 방일외국인을 대상으로 희망하는 지방관광지에서의 관광의향을 조사한 결과, 1-2번 방문한 외국인이나 3-5번, 6번 이상 빈번히 방문한 관광객이나 다들 비슷한 곡선을 보였다. 방문빈도가 높을수록 그 지역의 '로컬푸드'나 '마을행사(마츠리)', '역사적 마을풍경' 등에 더욱더 관심을 갖게 되고 '온천'이나 '향토요리' 등 지방색이 강한 것에 매력을 느끼는 것을 알 수 있다. 이러한 것들을 포함하고 있는 료칸은 일본의 지방문화와 생활문화를 외국에 소개하고 전하는 중요한 역할을 이어오고 있으며, 그 존재 자체가 관광자원의 중요한 역할을 하고 있기 때문에 앞으로의 인바운드 전략 역할이 더욱더 기대되고 있다.

방일외국인 여행자를 대상으로 한 각종 조사의 결과를 보면, 관광 관련 기업활동에 있어서 일본인 서비스 종사자들의 접객은 총체적으로 높은 평가를 받고 있다. 그 배경에는 일본의 전통적인 서비스문화가 있는 것으로 보인다. 타인에 대한 배려, 상대의 언동에서 무엇을 원하는지 추측하여 말로 하기 전에 한발 앞서 행동으로 보여주는 고품질 서비스(high-quality service)가 높게 평가되고 있다.

여기서 고객만족에 대해 생각해 보면, 고객가치를 이해하는 것을 가장 우선시하여야 한다. 고객은 서비스에 대해 좋고 싫음을 인지하지만 무엇을 가장 원하였는지, 무엇에 불만을 갖게 되었는지에 대한 문제의 본질·소재(所在)가 확실하지 않은 경우가 많기 때문이다.

현실에서는 고객니즈의 다양화와 더불어 고객의 행동 패턴도 변하고 있다. 기존의 서비스로는 고객만족을 이끌어 낼 수 없는 상황도 발생하고 있다. 그런데 료칸서비스는 상당히 표준화되어 있다. 따라서 표준화되어 있는 서비스를 고객의 욕구에 맞추어 어디까지 대응이 가능한지가 그 시설의 서비스 퀄리티를 결정할 것이다. 고객의 니즈를 먼저 읽어 내고 서비스를 제공하는 과정에서 차별화, 독자성을 발휘하는 것이 중요하다.

그러나 최근 일본료칸의 오카미들은 단 1명의 고객이라도 누구랑 동반하느냐에 따라 니즈가 다양화되고 있음을 경험하고 있다. 이러한 현상은 고객(顧客)을 고객(개별적 고객)으로 봐야 한다고 한다. 개인으로 생각하고 커스터마이즈(개별화) 서비스로의 패러다임(paradigm) 이동이 필요하다. 그렇다면 개개인의 고객에게 어떤 서비스를 제공할 것인지가 서비스설계의 최대 문제가 될 것이다. 이러한 훈련을 해 온 인재가 료칸의 오카미일지도 모르겠다.

대인서비스란 매순간 변화하기도 하고 고객마다 받아들이는 평가가 다르다.

또한 언어뿐 아니라 고객의 행동이나 표정, 상황 등을 고려해야 한다. 표면적인 요구에 대응하는 것뿐 아니라 보다 심층적인 니즈를 이해하며 매뉴얼화가 불가능한 곳에 어떠한 서비스를 설계해야 할 것인지 주목할 필요가 있다. 서비스현장에서 서비스 제공자는 고객의 니즈를 발굴하고 노하우를 의식하는 것, On the job education의 필요성이 강조된다. 이 과정에서는 상호적, 비언어적 커뮤니케이션이 주역으로 매뉴얼화는 불가능하다.

[그림 12]   접객순간의 고객이해

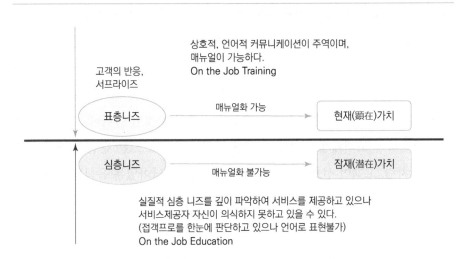

종업원들은 다양한 시간대에 다양한 고객에게 일관성 있는 퀄리티의 대인서비스를 제공해야 하며, 시간마다 변화하는 고객니즈 또한 대응해야 하는 변화의 연속선상에 놓여있다. 현장에서 고객과의 상호작용(interaction)에 있어서 고객의 언어적 커뮤니케이션뿐만 아니라 비언어적 커뮤니케이션(몸짓, 표정 등)에서도 고객의 니즈를 감지하여 고객대응을 상황에 맞게 바꿔야 한다. 따라서 고객에게서 발신되는 정보를 얼마나 잘 수집하여 활용하는가에 따라 비즈니스의 장래가 좌우된다.

전통료칸의 서비스제공 프로세스는 다음과 같은 흐름으로 진행된다. 료칸에

서는 고객이 도착하면 "어서 오십시오(いらっしゃいませ, 이랏샤이마세)"보다 "다녀 오셨어요?(おかえりなさい, 잘 다녀오셨어요?)"라고 표현하여 늘 집에 돌아왔을 때의 편안함을 제공하려 한다. 고객이 료칸에 도착하면 오카미와 나카이가 마중을 나오며 일단 로비로 안내한다. 로비에서는 고객에 대한 환영의 마음으로 차 서비스를 제공한다. 차 서비스를 받는 동안 로비에서 체크인을 하는 경우도 있지만 대부분 잠시 현관로비를 둘러보고 그날 머물 객실로 안내된다. 객실에서는 담당나카이의 정식 인사와 차, 과자 서비스가 제공되며, 고객에 맞는 유카타와 시설을 안내 받는다. 이때 저녁식사 시간과 다음날 아침식사 시간을 대부분 정하도록 되어 있으며, 옷을 갈아입고 간단하게 입욕을 하여 료칸에 도착한 여독을 푼다. 디너 시간에 객실에서 식사가 제공되는 경우 식사 도중에 오카미의 인사가 있다. 객실이 200실 이상인 료칸에서도 오카미의 객실인사를 실시하고 있다는 곳이 많다. **오카미는 왜 객실인사를 하는 것일까?** 오카미는 단순히 고객에게 인사를 하기 위한 목적으로 객실을 방문하는 것이 아니다. 오카미는 객실을 방문하여 고객에게 인사하기 위해 고개를 숙이고 드는 순간에 객실 청소 상태, 상차림, 고객이 선호하는 음식은 어떤 것인지, 남아있는 음식은 어떤 종류인지, 객실에 부족한 것은 없는지 등을 직접 체크한다. 만약 부족함이 있으면 바로 주방과 객실 담당에게 지시를 하기도 한다. 오카미에게는 객실인사가 **그날의 서비스를 평가하는 순간**인 것이다. 디너 후에는 본격적으로 온천을 즐기는 고객이 많다. 고객이 온천을 즐기는 사이에 대부분 이불을 깔아둔다. 최근에는 침대와 이불 양쪽 다 선택할 수 있도록 하는 료칸도 많다. 다음날 고객이 아침 샤워 겸 온천을 하러 간 사이에는 이불을 정리하고 차 서비스와 동시에, 정해진 시간에 아침식사를 제공한다. 이러한 순서는 대부분 모든 료칸에서 실시되고 있는 서비스이다. 제공되는 서비스의 내용은 대부분 고정되어 있으며 고객들은 표준화된 서비스를 받는다. 담당 나카이는 다양한 업무를 처리할 수 있는 멀티태스킹(multi-tasking) 능력을 소화한다. 이처럼 접객종업원의 섹션을 넘어 일을 유연하게 처리하는 움직임을 호텔의 오퍼레이션(operation, 작업 과정)으로 도입한 곳도 늘었다. 이와 같이 료칸서비스는 긴 시간 고객만족을 높이기 위해 문화적

배경뿐만 아니라 인재를 효율적으로 가동시키기 위한 서비스설계를 해왔고, 이를 위해서는 접객종업원의 높은 서비스의식이 요구된다.

료칸에서 고도의 서비스제공이 가능한 것은 서비스 프로세스에서 보이는 고객 정보 수집(호텔과 료칸의 조직의 상이함) 시스템 때문이다. 호텔은 리셉션에서 체크인 서비스 후 짐을 객실로 옮겨 받으므로 체크아웃까지 고객의 행동에는 유연성이 있으며 접객사원은 고정적인 역할만을 한다. 반대로 료칸은 체크인부터 체크아웃까지 고객 행동은 고정한 채로 서비스를 제공한다.

[그림 13] 료칸의 서비스제공 프로세스

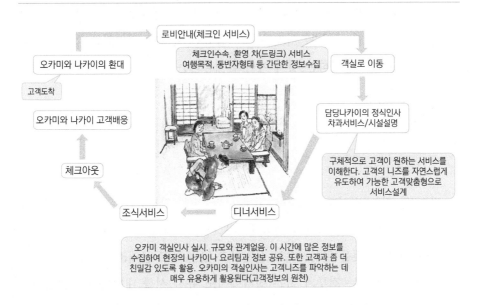

접객종업원/나카이(仲居)의 사전적 정의는 '료칸(旅館), 료테이(料亭) 등에서 고객을 접대하는 여성'이며, 명문료칸에는 전설적인 접객서비스의 프로퍼(proper)인 나카이가 존재한다. 또한 명문료칸에는 오오카미(大女将)-오카미(女将)-와카오카미(若女将, proprietress-to-be of a ryokan)가 순환하면서 연동하여 계승하고 있으며, 오카미뿐만 아니라 나카이도 같은 사이클로 연동 계승하는 경우가 있다. 예를 들어 교토(京都)의 한 료칸은 나카이가 단골고객을 갖고 있으며 담당하는 객실도 있어서 고객에 관한 고객정보가 축적되어 있다. 그 데이터와 경험에 준하여 신입사원을 키우고 신입 나카이가 한 사람의 프로 접객원이 될 때까지 쭉 교육한다. 한 사람의 프로 나카이가 되면 자기 밑으로 신입 나카이를 들여 본인이 교육하는 입장이 된다. 장로(長老)나카이-베테랑(an expert) 나카이-신인(新人)나카이로 연동된다.

이러한 서비스 프로세스는 고객과의 접점포인트가 풍부하며, 다양한 고객서비스에 관한 철학을 갖게 한다. 일본에서 서비스 넘버원으로 유명한 카가야의 "고객에게 No라고 말하지 말라"라는 가훈에서 고객에 관한 철학을 느낄 수 있다. 한편 히이라기야나 호시노료칸의 경우는 극소수의 불만을 말하는 고객보다 평가해준 대부분의 고객을 중시한다고 한다. 그렇다면 료칸서비스에서 고객가치를 어떻게 정의할 것인가? 이것은 매우 중요한 일이다. 가치라는 것은 단순히 비즈니스모델에서 발생하는 것이 아니라 제공하는 서비스 그 자체에 내재되어 있기 때문이다.

◉ 오모테나시의 프로인 오카미의 지(知)의 경험과 축적

지(知)란 아는 것이다. 지식이라고도 한다. 또한 안다는 것은 인간의 행위에서도 보인다. 진정한 지식이란 행동에서 보이는 것이라고 말하는 학자도 있다. 행동으로 배우는 것을 일상적으로 실천하고 있는 예로 군대조직 훈련방식을 들 수 있다. 군대에서는 전투가 없는 상황에서도 유사 시를 대비하여 시뮬레이션 훈련을 한다. 훈련의 주체는 전투행위를 몸으로 습득한다. 모의전투, 교련, 실전처럼 하는 시뮬레이션을 통하여 군인은 전투시의 행동을 반복적으로 행동하며 몸으로 익힌다.

이러한 훈련 스타일이 대인서비스를 수행하는 료칸의 오카미에게서도 보인다. 오카미도 반복적인 훈련과정을 걸쳐 리더가 된다. 물론 료칸의 경영환경이 다양하여 료칸에 따른 오카미의 역할도 다양하다. 모든 오카미가 군대 조직과 같은 육성 프로세스를 거친다고 단언하기 어렵다. 하지만 오카미는 전형적인 서비스리더로서 임무를 수행하는 긴 시간속에 자신도 의식하지 못하는 사이 리더가 되어간다. 서비스업에 있어서 이렇게 긴 세월동안 수련기간을 거치는 포지션도 좀처럼 찾아보기 어려울 것이다. 하지만 때로는 전혀 훈련받지 않고 현장에 바로 투입되는 경우가 있다. 이런 케이스는 현장에서 많이 혼나고 (손님 또는 료칸의 베테랑 종업원에게) 혹독한 훈련을 견디면서 한 사람의 서비스리더가 되어간다.

우리는 한 분야의 프로가 되려면 매일 꾸준히 3시간씩 10년을 일하면 된다는 이야기를 어렸을 때부터 들어왔다. 이른바 '10년 룰'이라고 한다. 그럼 오카미는 도대체 몇 년이 지나야 한 사람의 서비스프로가 되느냐고 몇 명의 오카미에게 물어봤다. 그녀들은 한결같이 20년 경력에도 30년 경력에도 아직 멀었다고 답했다. 오카미는 프로의식이 없는 것일까? 아니면 커리어 형성이 잘 보이지 않는 조직이기 때문인가? 매일 새로운 고객과 마주치는 상황이라 자각(自覺)하기 어려운 환경인 것은 틀림없다. 또한 료칸마다 오카미가 된 루트, 직장의 환경, 각 개인이 갖고 있는 소질이 다르기 때문에 서비스프로가 되기까지의 기간을 정확히 말하기 힘들 것이다.

오카미가 된 루트는 결혼한 남편 집(시댁, 시가)이 료칸업을 경영하고 있어서 운명처럼 된 경우도 있고, 태어난 집이 대대로 료칸업을 하고 있어 대를 이어 딸이 물려받은 경우도 있다. 이 두 경우가 전체 오카미의 70-80%를 차지한다. 물론 직업 오카미도 존재한다. 료칸업을 창업한 경우 창업오카미가 될 수 있으나, 그 수가 많지 않아서 찾아보기 쉽지 않다. 최근 인바운드의 호조로 숙박시설 부족현상이 나타났는데, 앞으로 이런 현상이 계속된다면 창업하는 료칸수에 변화가 생길 지도 모르겠다. 하지만 아직까지는 대부분 대를 물려받은 오카미들이 압도적으로 많은 상황이다. 그녀들은 오카미가 된 것을 숙명처럼 받아들이고 있다. 그러나 오오카미(시어머니 또는 친정어머니)에서 오카미(가장 중추적인 역할을 하는 오카미)로, 다시 와카오카미(며느리나 딸)로 이어지는 오카미 훈련은 며느리와 딸이 계승한 경우 그 교육의 정도가 각각 다르다.

딸은 어렸을 때부터 또래의 어린고객과 같이 놀기도 하고 엄마 오카미가 손님에게 인사하러 갈 때 같이 가기도 했으므로, 그 시점부터 이미 오카미의 오모테나시를 실천하고 있었다고 할 수 있다. 물 흐르듯 자연스럽게 엄마의 일하는 모습을 보면서 자신도 모르는 물드는 것이다.

반면 며느리는 시어머니 오카미한테 일에 관한 모든 것을 배운다. 많은 오카미들은 수행 중에 다도와 꽃꽂이를 배운다. 또한 일본 전통무용을 배우기도 하는데 이러한 레슨이 직접적인 료칸 경영에 영향을 미치는 것은 아니지만 오카미로서의 자세와 미의식(美意識)을 높이는 데 많은 도움을 준다고 한다. 특히 다도는 고객과 대면하는 장면(scene)에서 마음가짐을 배우는 시간이다. 일본 전통무용이 직접적으로 자세를 아름답게 해 줬다는 오카미도 있다. 현역 오카미들에게 며느리에 대한 교육방침을 물어보면 자신이 배운 대로 가르쳐 나갈 생각이라고 말하는 경우가 많았다. 또 오카미란 료칸의 아이덴티티이므로 다른 료칸에 연수를 보내지는 않는다고 한다. 하지만 딸의 경우는 다른 명문료칸에서 연수기간을 갖기도 한다. 그러나 어느 곳이나 예외는 존재하여 며느리일지라도 다른 료칸에서 오카미 연수를 시키는 곳도 있었다.

오카미의 지의 형성은 이쿠다(生田) 교수가 말한 실천에서 학습하는 전형적인 일본 전통예능 학습과정과 많이 닮아있다. 이쿠다(生田, 1987)에 의하면 일본의 전통예능 학습과정은 하나의 작품을 모두가 모방하는 것에서 출발하고, 교과서같은 커리큘럼도 없이 하기 쉬운 것부터 점차 어려운 것으로 학습을 쌓아가는 것이다. 다시 말해 오카미의 지의 형성은 학교 교육같은 단계적 학습법과는 다른 프로세스로 진행된다.

[그림 14] 오카미의 학습프로세스

출전: 生田久美子(1987).『「わざ」から知る』.東京大学出版会 .

이러한 교육을 받은 오카미의 료칸서비스에서 「형태=形」, 「마음＝心」의 두 가지 요인이 무엇보다 중요하다. 딸 오카미는 접객의 자세가 군더더기 없이 깨

꾿하다. 그녀들은 어려서부터 언어 사용이 정중하고 공손하여 유치원에서 예의 바른 어린이라고 칭찬을 받았다. 어릴 때부터 엄마의 접객태도를 보고 자라서 환경적으로 많은 영향을 받았을 것이다.

현재 료칸은 전통적인 생활문화 체험의 공간으로서, 그 중요성에 주목할 필요가 있다. 특히 오카미의 역할에 관한 저자의 조사결과에 따르면 그녀들에게는 '일본의 전통적인 문화의 계승자'로서의 역할이 존재한다. 앞서 말했듯이 료칸의 경영환경 자체가 다양하기 때문에 오카미를 일정한 이론에 적용시키는 것은 쉽지 않다. 오카미가 며느리 출신인지 딸인지에 따른 계승자의 루트나 그 사람의 소질이 그대로 료칸의 개성으로 연결되어 있다.

그렇다면 료칸의 노하우, **지의 경험과 축적의 프로세스**는 어떻게 진행되는가? 수십에서 수백 년 동안 전통을 계승하고 있는 료칸에서는 사람을 어떻게 키우느냐가 가장 큰 과제일 것이다. 현재 오카미의 60% 이상이 며느리에서 오카미가 된 케이스이다. 며느리의 경우 느닷없이 료칸업에 들어온 이질적인 존재에서 어떤 프로세스를 거쳐 오카미로 인정되어 가는가? 이러한 프로세스는 블랙박스이다.

전통적으로 전해 내려오는 이념에서부터 자신의 스타일로 새로운 비전을 제시하고 새로운 가치를 만들어 내는 것이 가능하다면 이러한 것들이 성과로 연결될 것이다. 또한 풍부한 경험에 의한 지식을 축적하고 이러한 지식을 잘 활용하는 오카미가 명문오카미인 것도 확실하다. 다수의 오카미와 이야기를 나누다 보면 각자의 일터 환경이 각양각색인 결과, 단기간에 오카미의 일을 전면적으로 맡은 케이스가 있고 가정의 사정에 의해 급히 현장에 투입된 케이스도 있어 수행기간도 제각각이다. 그러나 많은 체험과 지식이 있다 하더라도 의욕이 없으면 바로 한계를 느낀다. 반대로 기존의 오카미들과는 달리 체험으로 축적된 지식이 다소 적더라도, 자신이 숙박시설이나 레스토랑 등을 창업하면 오카미라는 직위를 가질 수 있다. 마찬가지로 기업이 운영하는 곳에서 오카미로 채용되는 경우도 있지만, 이러한 케이스를 제외하고는 아무나 오카미가 되는 것은 아니다. 따라서 오카미의 교육은 료칸의 종업원, 동료의 오카미, 오카미 친구들과 상담하기도 하고, 가르침을 받으며 진행되어 간다.

오카미의 지의 형성은 다음과 같은 그림으로 그 관계성을 생각해 볼 수 있다.

[그림 15]　오카미의 지(知)의 축적 프로세스

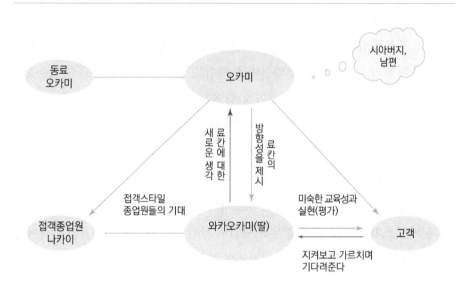

흥미로운 점은 고객과 오카미의 관계에도 있다. 고객은 와카오카미에 대해서는 다소 실패가 있어도 오카미가 되기 위해 배우는(修業) 시간이라고 인정해 주고 와카오카미가 어떠한 오카미로 성장해 나가는지 지켜본다. 최근 경영현장에서 자주 접하게 되는, 즉각적으로 투입되는 인재육성은 오카미의 지의 형성과 동떨어진 이야기인 것이다. 고객 중에는 몇 대를 계속하여 료칸의 역사와 함께하는 단골손님(헤비유저)도 있어서, 그녀들의 서비스에 대하여 선대 오카미를 예로 들어가며 고객시점에서 가르치기도 한다. 고객참여의 모습이 보인다. 고객도 료칸의 서비스에 자신이 관여하는 것을 즐긴다. 서비스가 특별한 것이 없는데 유난히 훌륭한 고객이 모여있는 료칸이 있다면 그곳도 일종의 명문료칸이다. 그만큼 서비스 제공자뿐만 아니라 어떤 고객이 그 료칸을 이용하는지도 상당히 중요한 요소이다.

◐ 3곳의 서로 다른 서비스를 제공하는 료칸에서 보이는 일본의 서비스문화

오모테나시가 가장 보편적으로 실천되고 있는 료칸 중에서도 전반적인 특징을 잘 보여 주는 료칸시설 3곳을 임의로 선정하여 전체적인 서비스 형태를 파악하는 데 이해를 돕고자 한다. 각 사례에 저자의 현장 조사도 더해, 숙박시설의 특징과 경영마인드에 대한 오카미의 생각을 기반으로 소개하고자 했다.

CASE 1　프로가 선정한 일본의 호텔료칸 100선
36년간 랭킹1위 카가야(加賀屋)

◉ 배경

이시카와현(石川県) 나나오시(七尾市) 와구라쵸(和倉町)에 위치한 카가야 료칸은 메이지(明治) 39년(1906년)에 12실의 자그마한 료칸으로 시작했다. 2022년에는 232실로 대규모 와쿠라 온천(和倉温泉)의 카가야가 프로가 선정한 한 번은 꼭 숙박하고 싶은 호텔료칸에 36년 연속 종합 1위로 선정됐다. 종업원은 800명, 고객은 연간 22만 명이 머무른다. 카가야 료칸의 특징은 관광지를 보러 온 고객이 머무는 숙박시설이라기보다는 카가야에 머물기 위해 나나오시로 들어오는 고객이 많다는 것이다. 코로나19 발생 이전에는 국내관광뿐만 아니라 인바운드(국제관광)에 있어서도 이 료칸에 머물기 위해 방일하는 타이완 관광객이 연간 10,000명이었으며 전세비행기가 날았다.

이 료칸의 회장인 오다(小田) 씨는 '안으로는 효율(効率), 밖으로는 효과(効果)'라는 말을 강조하고 있으며, on-stage와 back-stage의 밸런스를 중시한다. 다시 말해 고객의 눈에 보이지 않는 곳을 시스템화하여 효율적으로 관리한다는 것이다. 오다씨는 고객의 눈에 보이는 곳은 충분한 인적서비스로 인하여 오모테나시가 효과적인 고객만족으로 이어진다고 강조한다. 그는 양측면이 잘 양립되어야 질 높은 료칸경영이 이루어진다고 한다. 실질적으로 어떠한 운영을 해 왔길래 36년간 5만 채가 넘는 일본의 료칸호텔업계에서 No.1이라는 부동의 위치를 유지할 수 있었을까?

카가야는 세계 최초로 요리 자동 반송 시스템을 개발 도입한다. 요리장이 만든 음식을 자동제어로 각 계단의 팬트리(pantry, 각 층의 음식을 운반하도록 모이는 장소. 오른쪽 사진)까지 운반하는 획기적인 설치를 실현한다. 접객종업원인 나카이가 고객에게 음식을 나르고 차리는 데 계단을 오르내리며 음식이 흐트러지고 시간이 걸리는 것을 해결하기 위해 오다(小田) 회장은 흐트러지기 쉬운 리스크를 줄이고 나카이가 좀 더 많은 시간과 에너지를 고객에게 집중할 수 있도록 시스템을 개발하게 되었다. 이러한 설치는 대규모 료칸임에도 불구하고 개별적인 서비스 실현에 노력하는 모습과 끊임없는 도전으로 일본의 숙박업계에 있어서 이노베이션을 일으키는 존재로 인식되었다.

출전: 저자촬영.

기계 1대가 종업원 1명의 생애비용(cost)을 대신한다고 한다. 이처럼 디지털화는 점점 심각해지는 인적서비스 노동력시장에 있어서 매우 중요한 역할을 하고 있지만 디지털화가 활약하는 것에는 제한이 따른다.

또한 설비를 위한 환경뿐만 아니라 직원 복지로는 나카이가 안심하고 현장에서 일할 수 있도록, 자녀를 위한 모자기숙사 '캥거루하우스(8층 건물)'를 건립하여 종업원의 자녀를 대상으로 한 보육시설을 병설하였다.

료칸에서 일하는 여성들은 1박 2식이라는 서비스 특징으로 인해 이른 아침부터 늦은 저녁까지 일하기 쉽다. 이러한 근무환경을 고려하여 종업원의 자녀를 1살부터 보육할 수 있도록 전문보육사가 전담하여 사원의 자녀성장을 서포트하고 있다. 물론 보육시설의 완비가 곧 여성노동자의 확보로 이어지는 측면도 고려되었을 것이다.

출전: 저자촬영.

흥미로운 점은 1980-1990년대는 캥거루관이 모자가정으로 꽉 찼었지만 지금은 아동수가 급격히 감소하여 소수의 아동을 관리하는 수준이 되었다는 것이다. 복지시설의 필요성도 시대에 따라 많이 변화하고 있다. 지금은 오히려 부모님의 간병이나 노후를 함께하기 위해 귀향하거나 일을 그만두는 종업원이 생기고 있다. 앞으로는 어린 자녀가 아닌 나이든 부모를 대신 보살펴주는 요양원의 성격으로 전환할 생각을 갖고 있다고 한다. 이는 료칸이 **가족주의적인 인간관계를 중시**하고 있음을 보여주고 있다. 특히 고령화사회에 대한 사회문제를 비즈니스 현장에서 해결하여 종업원에게 보다 좋은 업무환경을 제공함으로써 질 높은 업무를 수행할 수 있도록 하고 있다.

일본의 경영업계에서 예부터 오우미(近江)상인들에게는 **산뽀우요시(三方良し)**라는 상인정신이 있다. "판매자(売り手良し 우리테요시), 구매자(買い手よし 가이테요시)뿐만 아니라 사회전체(世間よし 세켄요시)가 이익이 되는 거래를 하는 것이 중요하다"라는 뜻이다. 최근 **사회적 문제를 비즈니스로 해결하려는** 혁신적 기업이 주목받기도 한다. 사회문제 해결안과 기업의 이익을 병립하는 것에 경영가치가 일치되기 때문일 것이다. 일본의 상인들은 오래전부터 사회적 가치 실천, 공동체의 이익실현, 공공성의 강화가 결국 기업의 이윤으로 돌아온다고 믿고 있다. 최근에는 미래에도 좋은 거래여야 한다는 생각이 추가되어 욘뽀우오시(四方よし, 4곳이 다 좋아야 한다)로 불리고 있다. 이는 미래세대에도 도움이 되어야 한다(未来よし 미라이요시)는 의미이다. 경영자가 개인의 비즈니스업체 문제해결이 사회문제해결로 이어질 수 있도록 노력하는 모습을 엿볼 수 있다.

● 오모테나시의 특징은 고객과의 접점

료칸에서 실시하는 디너 시간 오카미의 전 객실인사도 카가야 료칸에서 시작되었다고 전해지고 있다. 선대오카미의 고객 서비스 정신인, 절대로 고객에게 "안됩니다"를 말하지 않는 오모테나시는 전설이 되었다. 이러한 고객 서비스 정신이 카가야의 오모테나시적 특징이기도 하다. 오카미는 시집와서 43년째로이다. 최근에 와카오카미에게 오카미 계승이 이루어지고 있다. 선대오카미의 엄격한 가르침을 받는 수행시절을 거친 료칸 오카미의 **퍼스널리티(personality)는 하나의 상품이**며, 오카미는 료칸의 서비스 퀄리티(service quality)를 전승하는 책임자다.

료칸서비스의 3요소는 사람, 시설, 요리이다. 그중에서도 물리적 외관, 요리는 코스트(비용)를 투자하면 어느정도 퀄리티를 유지할 수 있으나 인적서비스는 별개의 문제이다.

종업원 교육에 있어서는 40년 경력의 베테랑부터 막 입사한 신입사원까지 다양하다. 이러한 다양한 사원들과 오카미(女将)라는 어머니같고 때로는 할머니같은 존재를 중심으로 가족같은 관계를 기본으로 하는 기업 풍토 속에서 근무가 이루어진다. 료칸은 '집'이라는 개념이 바탕에 깔려있지만 오카미의 카리스마성은 불가결하다.

[그림 16] 컬처와 조직

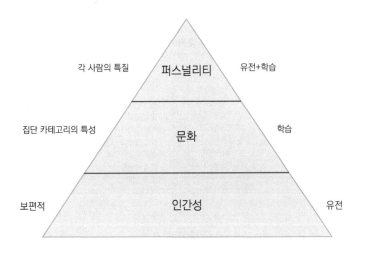

출전: 홉스테드(1995): Culture and Organizaiton, 有斐閣.

저자가 방문했을 때 로비나 스파 시설 등에서 봤던 종업원의 모습은 3~4명이 서로 등을 맞대고 서있는 모습이었다. 서로 등을 맞대고 있는 이 자세는 360° 고객의 일거수일투족이 눈에 들어오며 어떠한 움직임에도 발빠르게 알아차리고 행동할 수 있도록 시스템화 된 것으로 보였다. 하지만 최근 일본의 료칸 시스템은 고객의 변화에 따라 천천히 변해가고 있다.

숙박 시에는 1명의 담당나카이가 체크인부터 체크아웃까지 서비스를 담당하며, 항상 그날의 고객행동에 관심을 갖고 안테나를 높여 주시한다. 또한 카가야 료칸의 오카미(女将)는 마켓의 변화와 고객니즈를 보다 신속하게 파악하여야 한다. 단순히 가업을 계승하는 것이 아니라 고객에게 지지받을 수 있도록 부단한 노력도 필요하다.

[그림 17] 카가야 오카미(며느리)의 관계구축

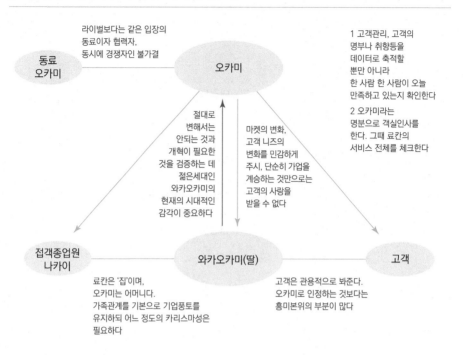

'변해야 하는 부분과 절대로 변해서는 안 되는 곳'을 검토할 때 다음 세대의 대를 이를 와카오카미(若女将)의 젊은 감각이 많은 도움이 된다. 오카미는 료칸의 현실-이상-꿈의 3원의 공통분모가 기업의 벡터(vector)가 된다고 강조한다. 방향성(vector)을 확실히 보여줘야 종업원이 행동한다는 것이다.

출전: 카가야제공.

카가야 료칸의 고객은 하룻밤 머무는 동안 8-9번의 차 서비스를 받는다. 차 서비스는 고객과의 많은 접점포인트를 맺고, 커뮤니케이션을 갖기 위한 숨겨진 서비스설계이다. 이렇게 서로 공유하는 시간이 많아지면 고객정보가 수집되고 그 정보를 바탕으로 보다 발 빠르게 고객의 상황에 맞는 서비스를 제공할 수 있다. 일반적으로 서비스 마케팅에서 말하는 진실의 순간을 설계한 것이다. 하지만 외부환경의 변화에 의해 기존의 고객층이 바뀌면서 지금까지의 빈번한 차 서비스를 둘러싼 회의적인 반응도 생기기 시작하였고 결국 전통적으로 실시되어 오던 차 서비스 횟수를 줄이기로 했다.

● 오모테나시의 허상 혹은 거짓말?

료칸의 경우, 고객이 료칸에 도착하면 오카미와 나카이의 마중을 받으며 한 사람의 나카이가 1박 2일 동안 전담하는 경우가 많다. 그러므로 고객과 나카이의 궁합이 매우 중요하며 그들의 궁합이 서비스 퀄리티 평가에 영향을 미친다.

카가야는 1박 2일 동안 고객에게 9-10번의 차를 제공하는 것으로 유명했다. 처음에 고객이 도착했을 때 웰컴의 마음을 담은 마차(抹茶)(1번) → 체크인 할 때 (2번) → 객실에서 담당나카이의 정식인사가 있을 때 와가시(일본과자)와 차(3번) → 첫 입욕 후 냉차(4번) → 저녁식사(5번) → 다음날 눈 떴을 때(6번) → 아침식사(7번) → 체크아웃(8번). 이것은 저자가 기억하는 차를 마신 횟수이다. 기본적으로 저자는 차를 즐기지 않아서 덜 가져왔을 것이다. 하지만 차를 좋아하는 고객에게는 더 제공한다고 한다. 왜 이렇게 자주 갖고 오는 것일까? 차를 갖고 오면서 접객종업원은 고객이 이번 숙박에 무엇을 기대하고 있는지 자연스럽게 말을 건네며 찾아 낼 수 있다. 자연스런 대화 속에서 고객만족과 고객감동으로 이어지는 서비스가 제공되기도 한다. 그러나 이러한 서비스설계는 시대에 따라 가치 평가가 달라지고 있으며 최근에는 객층(손님층)이 다양화되면서 8-9번의 차 서비스가 오히려 역효과를 갖는다는 판단하에 새로운 접점을 도출해 내려 하고 있다. 여기서 시장의 변화와 고객의 니즈 변화에 주시하고 있는 모습을 엿볼 수 있다.

2018년 니케이 비즈니스잡지 1월 22일호에 '오모테나시의 거짓말'이라는 타이틀로 카가야의 오모테나시가 소개되었다. 시니세료칸 카가야의 전통적인 오모테나시에 관한 5대 사장의 자문자답이 기사화되었다. 내용을 살펴보면 아래와 같다.

"가능하면 객실을 찾아가서 차를 드리도록 해라." 이것이 긴 세월 계승되어 온 이상적인 접객이었다. 그러나 2017년부터 스타일을 크게 수정하고 있다. 차를 제공하는 것은 3번-4번 정도로 줄이고 있다. 마차(抹茶)와 차과자, 또는 팸플릿을 같이 들고 가도록 하며, 대응시간도 큰 폭으로 줄였다. 그 배경에는 고객들의 변화가 있다.

그동안 객실담당이 객실에 자주 찾아가는 것이 정성스럽고 공손하며 최선을 다하는 모습으로 평가되었으며 이것이 카가야가 변함없이 지켜가고 있던 것이었다. 그러나 최근 손님들의 앙케이트를 보면 "도착해서 바로 온천에 들어가고 싶었으나 몇 번이고 나카이가 찾아와서 시간이 지체 되었다"라는 서비스제공 측의 의도와는 사뭇 다른 앙케이트 결과가 늘어갔다. 이러한 배경에는 2015년 3월 호쿠리쿠 신칸센(北陸新幹線)의 개통과 더불어 도쿄방면 교통편이 좋아져서 고객층이 한순간에 다양한 층으로 형성되었다는 사실이 있다. 그 때문에 지금까지 당연시되어왔던 꼼꼼한 접객서비스에 의문을 던지게 되었다.

이런 내용이 어떻게 오모테나시의 거짓말로 소개될 수 있는지 연구자로서 눈을 의심했다. 외부환경 변화로 인해 고객층에도 변화가 생겨서 서비스설계를 새롭게 재구축할 필요성을 언급한 것으로 보인다. 오모테나시에 과잉서비스로 오해받기 쉬운 타이틀이 붙은 듯한 이 시점에서, 앞으로 어떻게 대응해 나가야 할 지 그 변화에 관심이 모아지고 있다.

● 전망과 전략

2012년 일본의 전통서비스(오모테나시)의 글로벌 전개의 첫 시도로, 일본 료칸 카가야의 타이완 진출은 화제를 모았다. 타이완(台湾)에 RADIUM KAGAYA(日勝生加賀屋)를 개업하여 일본과 똑같은 스타일의 오모테나시를 고객에게 제공했다. 지상 14층 90실의 건물은 현지 디벨로퍼가 건설하고, 카가야 료칸은 운영회사의 일부에 투자했다. 그리고 운영지도와 상표 사용 허락으로 한정하여 리스크를 최소화했다. 현지 타이완 오너의 일본 카가야에 대한 절대적인 신뢰와 철저한 일본식 교육에 의해 타이완이라는 무대에서 완벽하게 일본의 정서적 서비스 연출에 성공하였다. 일본식 서비스를 철저하게 재현하기 위해 종업원들에게 기모노를 입히고 객실 전담사원(나카이)을 배치하며, 본격적인 일본요리를 제공했다. 카가야의 일본스타일 서비스가 현지 타이완에서도 높은 평가를 받아 2013년 '고급온천숙박시설 Top10'으로 현지에서 당당히 1위를 차지했다. 현재는 이용객의 대부분이 타이완인이며 의외로 중국인과 홍콩인 이용객이 증가하는 추세이다. 카가야의 야심적인 도전이 해외에서도 결실을 맺기 시작한 것이다.

타이완 진출에서 배운 글로벌 감각을 바탕으로, 국가가 추진하는 쿨 재팬 정책의 일환으로서 오모테나시는 글로벌 진출의 중대한 임무를 맡고 있다.

처음에는 접객서비스 교육담당자, 운영총괄책임자, 책임 요리사 이렇게 3명이 가서 타이완의 여성접객원을 완벽하게 일본식으로 교육하는 과정이 화제가 되기도 하였다. 저자도 직접 현지 인터뷰를 진행하였다. 어떻게 접객인재를 확보하여 교육하고 있는지 상당히 궁금했다. 여성 접객종업원의 대부분이 일본문화에 관심이 많은 젊은 여성이었고 철저한 일본식 접객훈련을 받아 이사가와현에 있는 접객종업원에 뒤지지 않는 접객태도를 보이고 있었다. 일본지배인의 말에 의하면 일본문화에 관심이 있는 여성 접객사원이 3년 장기 근무를 하면 3개월간 일본의 이시카와 본관으로의 연수기회가 주어지는데, 이 기회때문에 일본문화체험을 기대하는 여성사원이 많이 응모하고 있다고 한다. 처음 타이완 카가야에 들어갔을 때, 여기가 타이완인지 일본인지 알 수 없을 정도로 철저하게 일본식 서비스를 제공하고 있었다.

기모노와 일본어로 접대하는 타이완의 여자접객원(출전: 저자 촬영).

Frei and Morriss(2012)[31]는 서비스 엑셀런트란 서비스설계와 기업문화의 곱셈으로 탄생한다고 하였다. 오모테나시가 해외시장에서 경쟁우위성을 확보하기 위해서는 서비스 시스템을 설계 및 구축하여 기업문화에 침투시키는 데 힘을 기울여야 한다. 우선 서비스 시스템으로 오모테나시를 표준화(최대한 매뉴얼화)하고, 일본인이기 때문에 가능한 속인주의(屬人性)에서 벗어나 타이완의 젊은 여성사원들이 오모테나시를 실천할 수 있도록 서비스 시스템화하고, 본사의 교육을 실천해 줄 현지기업의 협력과 지속적인 현지인의 인재육성이 필요하다.

카가야 료칸에서 정의하는 료칸업 최대의 미션은 스트레스가 쌓인 사람들에게 활력을 주입하는 것, 다시 말해 내일의 활력 주입 산업이라고 한다.

CASE 2 '교토의 3대 명문 료칸' 역사와 함께
오모테나시의 진수를 보여라

● 배경

교토의 3대 명문료칸 중 하나인 히이라기야(柊家)는 분세이원년(文政元年, 1818年)에 창업하여 200년간 계승되고 있는 시니세료칸(shinise ryokan 老舗旅

---

31 Frei, Frances, and Anne Morriss (2012). Uncommon Service. Harvard Business Review Press.

館)이다. 초대(初代)가 와카사(若狹, 현재 후쿠이＝福井)에서 상경, 해산물을 다루는 운송업을 하였으나 해산물과 더불어 숙박을 제공하게 되었다. 2대에 들어서면서 칼 만드는 일에 전념하게 되어 료칸업이 본업이 되었으며 에도, 메이지, 제2차 세계대전 등 시대의 변천과 더불어 현재 6대를 이어가고 있다. 최근 7대 와카오카미도 같이 료칸에서 오모테나시를 실천하고 있다.

교토의 중심, 후야쵸도오리(麩屋町通)에 교토 3대 명문료칸이 위치하고 있다. 그중 한 곳이 히이라기야(柊家)이다. 목조 이층건물로 스키야츠쿠리(数寄屋造, 일본의 전통적인 와비사비의 소박미)의 설계이다. 규모는 구관(旧館) 21실과 신관(新館) 6실, 일본식 모던 베드룸 1실로 되어있다. 운영상 21실보다는 27실이 료칸운영에 여유가 있어 27객실이 최적화 규모라고 한다. 종업원이 60명이므로 객실당 종업원수를 생각하면 충분한 인적서비스를 실시하고 있는 셈이다.

히이라기야(柊家) 료칸이 말하는 료칸서비스란 일본의 정신, 사람, 문화, 역사 모든 것을 반영하여 만들어내는 상징적인 공간이며 그 료칸이 위치한 지역(교토)을 둘러싸고 있다고 강조한다. 일본 WA(和) 문화의 토털 공간으로서의 시설이라 할 수 있다.

히이라기야(柊家)가 위치한 교토는 일본의 생활 속에서 전통문화가 살아 숨쉬는 곳이다. 일본 관광의 대표 이미지로도 교토가 등장하는 경우가 많으며, 그 지역의 대표적인 료칸의 주인도 토지에 대한 애착이 남다르다. 그들은 교토를 방문하는 외국인들에게 교토를 재발견 시켜주는 경우가 많다. 이곳의 오카미는 료칸은 일본 일상의 아름다움을 표현하기 위해 많은 노력을 기울이고 있으며, 교토를 사랑함으로써 자신의 지역과 다른 지역, 다른 나라에 대한 존중하는 마음이 생기는 것이라 말하고 있다.

● 특징

현관에 들어서면 손님을 맞이하는 료칸의 마음을 액자에 담아 내고 있다. '来客如帰(라이샤요키, 손님에게 자기집에 돌아온 것처럼 편하게)'라고 쓰인 액자가 3代目(3대)에서부터 오늘날까지 이어진 히이라기야 료칸의 오모테나시 정신을

말해 준다고 한다. 고객이 신경 쓰지 않도록 하는 것은 오모테나시의 일부이며, 히
이라기야 료칸에서는 한 가정의 주인이 긴 여행을 마치고 집으로 돌아온 기분
을 느낄 수 있도록 하는 것이다. 이러한 접대방식이 교토(京都)에서 오랜 세월
사랑받는 료칸으로 명성을 유지할 수 있게 했다.

객실의 공간 구성과 설계도 개성적이며 각 시대의 역사가 살아있다. 에도말
기(江戸末期)의 객실부터 메이지(明治, meiji), 쇼와(昭和, Shōwa)시대로 이어지
는 객실 하나 하나가 각각 다르게 설계되어 있으며, 객실마다 단골고객의 얼굴
이 떠오른다고 오카미는 말하고 있다. 단골고객의 이름에서부터 시대가 사랑한,
한 료칸의 역사를 느낄 수 있었다.

옛날에는 고객이 숙박하기 위해 전화를 거는 순간부터 서비스가 시작됐다.
최근은 인터넷으로 예약을 하는 손님이 늘어서 이메일을 사용하게 되어 서로의
목소리보다 메일의 기능이 중요시되고 있다. 지금도 물론 전화를 걸어 예약하는
고객이 있다. 고객의 목소리를 들으면 그 사람의 얼굴이 떠오른다고 오오카미는
말한다. 특히 오오카미는 목소리를 듣는 순간 모든 고객정보가 떠 오른다고 하
니 특별한 능력을 갖고 있는 듯하다. 그만큼 고객의 목소리에 귀 기울이는 것이
습관이 되어 어느새 능력이 되어버린 것일까? 하지만 지금은 다른 능력을 키워
야 할 것 같다. 요즘 고객은 전화보다는 메일이나 메신저가 더 편하기 때문이다.

출전: 히이라기야 제공.

이곳은 고객이 실제로 료칸에 도착하여 서비스를 제공받기 이전부터 철저하게 사전 조사를 한다. 1회의 숙박에 고객의 입맞에 맞는 서비스를 제공하기 위해 적어도 5번 정도의 사전 의견을 구하는 경우도 있다. 이는 고객의 희망을 철저하게 실현하기 위해서이다. 예를 들어 고객이 선호하는 혹은 먹지 못하는 음식, 식재료 등을 묻고 요리의 종류, 조리법을 바꾼다. 물론 고객의 숙박목적에 따른 준비도 한다. 단골고객의 경우는 좋아하는 객실이 정해져 있는 경우가 많고 담당나카이도 정해져 있으므로, 귀중한 고객정보는 나카이들에게 계승되도록 되어있다. 본래부터 히이라기야는 객실을 책임종업원, 중견종업원, 신입종업원이 담당하는 제도로, 객실마다 각 신입종업원을 교육하며 고객정보도 공유하였다. 그러나 지금은 옛 스타일을 유지하기에 쉬워 보이지 않는다.

히이라기야의 오카미는 일본문화는 자연과 함께하며, 자연에서 배우는 것이 많다고 한다. **자연이란 무엇 하나 똑같은 것이 없으며, 그 자세와 형태가 전부 다르다.** 자연의 아름다움 또한 긴 시간을 거쳐 커왔다. 이런 자연을 닮으려는 노력이 일본 정신문화의 근본이 되지 않았을까? 료칸은 그 자연 속에서 존재한다. 히이라기야는 200년 가까운 역사 속에서 시대의 변화와 함께 지금까지 이어져 왔다. 그런 긴 시간의 비즈니스를 지속해 온 결과이기도 한 시대별 방들이 서로 다른 모습으로 존재한다.

『설국(雪国)』의 작가 카와바타 야스나리(川端康成)가 자주 묵었던 방은 에도시대의 객실로, 천정이 높다. 여름에는 시원하게 객실의 인테리어도 전부 바꾼다. 뿐만 아니라 손님들은 일본정원에 대한 기대치가 높다. 일본(和) 스타일에는 '조화'를 중요시하는 면이 있어서 이케바나(生け花) 하나에도 현관, 복도, 객실마다 각각 다른 꽃을 꽂는다. 계절감을 표현하고자 하면 녹색의 정원을 최대한 돋보이도록 한다. 일본의 정원에 꽃이 많지 않은 데는 그러한 이유도 있다. 이러한 **절제미** 속에서 일본문화의 아름다움을 고객이 느낄 수 있도록 하려면 많은 노력을 하지 않으면 안 된다.

출전: 히이라기야 제공.

예를 들어 1930년 찰리 채플린(Sir Charles Spencer "Charlie" Chaplin)이 일본에 왔을 때, 귀국 후 사람을 통하여 히이라기야의 인상을 물어본 적이 있다. "유럽호텔에서는 주문한 것을 정확하게 실시하는 것이 서비스다. 이러한 서비스를 사람들은 가려운 곳을 긁어주는 서비스라 말하는데… 히이라기야(柊家)에 머물렀을 때 서비스 제공자가 언뜻 손을 대주는 곳이 생각해 보니 가려웠다. 이렇게 고객의 기분을 먼저 읽고 대접해 주는 서비스가 히이라기야(柊家) 서비스인 것 같다"라고 표현했다고 한다. 지금도 히이라기야에는 채플린의 손자들이 숙박을 위해 방문한다.

료칸서비스의 핵심(core)기능은 요리, 욕실, 객실(방), 그리고 오모테나시라고 할 수 있다. 객실은 에도후기(江戶末期)에서 쇼와(昭和)의 전통적인 일본 건축양식을 그대로 재현하고 있다. 고객들은 이러한 객실을 통해 고도(古都) 교토의 매력을 느낄수 있다.

한 예로 에도말기(江戶末期) 방의 욕실 창문틀은 옻칠로 되어 있으며, 그 창문은 교토를 테마로 무라세(村瀬可衣)의 스테인드글라스(stained glass) 작품 욕조 안에서 우아하게 감상할 수 있었다. 또다른 방에는 오가와(小川三知)의 메이지시대 스테인드글라스가 욕실 창문으로 설치되어 있어 고객으로 하여금 료칸에 머무는 동안 객실 공간을 즐길 수 있도록 하였다. 욕실 건조 방법 또한 옛것을 지킨다. 최신 건조 방법은 나무욕조의 향과 피부에 닿았을 때의 느낌이 살아나지 않아서, 예부터 전해 내려오는 선풍기 몇 대를 동시에 틀어놓고 오랜 시간 정성을 들여 말리는 방식을 따르고 있다.

오가와 작품을 스테인드 글라스로 넣은 욕실 창문   무라세 작품을 스테인드 글라스로 넣은 욕실 창문

요리를 낼 때도 그 요리에 맞는 식기의 재질과 계절에 맞는 식재료, 요리법이 서로 다른 요리를 조화롭게 하며 멋과 여유로움을 즐길 수 있도록 연출하고 있다. 특히 일본은 식기에 많은 정성을 들인다.

출전: 히이라기야 제공.

히이라기야 료칸 오카미는 딸이 계승한 케이스인데, 현재 6대째이다(7대의 와카오카미도 본격적으로 활동을 시작하고 있다). 히이라기야 료칸에는 2차대전 전부터 50년간 같이 일해온 나카이도 있다. 오카미(女将)는 자기도 모르는 사이에 긴 세월을 통해 천천히 역할을 몸으로 익혀 왔으며, 오오카미(大女将, 오카미의 친어머니)도 현재의 오카미가 고등학생일 때부터 료칸에서 본격적으로 일하기 시작했다. 오오카미도 당시 같은 나카이에게 지도를 받아가며 오카미 역할을 수행했다. 오오카미(大女将)의 교육 담당이었던 나카이에게 현역 오카미 또한 같은 훈련과 오카미 수행을 하였다. 오카미의 훈련은 특별한 직업적인 공부가 아니라 일상 생활 속에서 모든 것을 배우는 것이다.

2014년 '황수포장(黄綬褒章, Medal with Yellow Ribbon)'을 오오카미(시어머니나 친정어머니 오카미, 히이라기야는 친정어머니)가 수상하여 화제가 되었다. 황수포장은 긴 세월 동안 한 종류의 업종에 종사하며 규범이 되는 장인에게 수여되는 훈장이다. 일본에서 최초로 접객부문에서 훈장을 수상한 사람은 1969년 히이라기야의 접객종업원인 나카이였다. 인적서비스에 관한 료칸의 자세가 전해진 것이다.

이런 명문료칸의 종업원 교육은 어떻게 진행되는 것일까? 과거 종업원 교육 문제는 가정에서 교육되던 기본적인 예절과 매너를 료칸에서 어떻게 실천해 나가는가에 중심을 두었는데, 최근에는 기본적으로 일본의 가정이 료칸에서 보이는 생활문화(다다미, 일본방에 까는 바닥재), 후스마(옆으로 미는 문. 방을 가르는 역할도 함) 등에 많은 차이가 있어서, 전혀 가정 교육이 되어 있지 않은 상태이다. 현장에서 처음부터 교육시키지 않으면 안 되는 상황이라고 한다. 그리하여 기본적인 예의범절, 차를 내는 방법, 방에 들어갈 때의 자세 등 기본적인 가정 예의범절부터 매뉴얼화 하여 철저하게 교육시키고 있다. 일본의 생활문화가 서구화되어 료칸의 생활이 비(異)일상적인 환경이 되었기 때문이다.

특히 오카미의 임무(역할) 중에 나카이교육은 매우 중요한 일인데, 접객종업원과 오카미의 서비스실패는 료칸의 퀄리티를 의심받는 원인이 된다.

예부터 료칸은 '집'이라는 기본 틀 안에서 관계를 맺어 왔지만 나카이(仲居)

의 일과 역할은 시대에 따라 상당히 변화되었다. 옛날에는 나카이가 료칸에서 사는 경우가 많아서 오카미와 같은 생활을 하며 가족의 일원으로서 자연스럽게 하나부터 열까지 다양한 업무을 수행하게 됐다. 예부터 료칸이란 사회적으로 약한 입장에 놓여있는 여성의 고용 창구의 역할도 충실히 하고 있던 것으로 보인다. 하지만 현재는 하나의 직업으로 료칸의 접객종업원을 선택하는 것이기 때문에 과거의 업무 형태와는 많은 변화가 있다. 오늘날의 나카이(仲居)가 옛날에 비해 노동 생산성이 낮다고 하지만, 료칸의 측면에서도 과거와는 나카이 대응이 많이 달라졌다. 옛날에는 나카이(仲居)가 개인사정, 시간 등과 상관없이 료칸의 업무에 임했으며 료칸 또한 나카이를 가족으로 보고 나카이의 사생활 등 모든 면에 깊이 관여하였다. 뿐만 아니라 여러 가지 문제도 함께 고민하고 해결하였다. 하지만 현재의 료칸은 가족이 아닌 하나의 직장이라는 개념이 되었다.

고도 전문서비스를 제공하고 있는 시니세(老舗)에서는 고객이 무심코 표현한 행동과 태도를 관찰·수집하고 그 정보를 선택적으로 이용하여 판단·행동함으로써 보다 서비스가치를 높인다. 다시 말해 고객정보(information)를 관찰·수집하여 선택적으로 이용하고 판단·행동하는(intelligence), 서비스가치를 높이는 행위가 보이는 것이다.

[그림 18] 히이라기야 오카미(딸)의 3자 관계성에 관한 생각

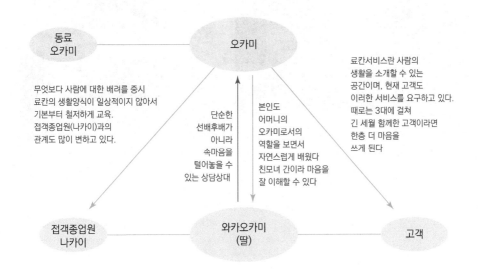

이러한 서비스가치를 인정해 주는 단골고객이 전체의 50% 이상을 차지하는 시니세(老舖)는, 그들도 인간인지라 단골고객을 대할 때와 처음 찾아준 고객을 대할 때 서비스제공면에서 기분이나 마음가짐이 조금 달라지는 것은 어쩔 수 없다고 한다.

정원에서 현관으로 다시 복도, 객실의 꽃도 다 자연에 맞춘다. 계절감과 자연을 중시(柊家提供)

 출전: 柊家提供.

● 미래전망과 전략

변화하는 세상에서 무엇을 가장 중요하게 여겨야 할까? 히이라기야 료칸은 교토라는 로컬문화를 중요시한다. 지역문화를 표현하는 곳이라는 생각이 있기 때문이다.

시니세(老舗)료칸 오카미의 공통적인 생각이지만 서비스는 눈에 보이지 않는 것이므로 측정하기 어렵다. 긴 세월 료칸서비스는 변함없이 고객을 중심으로 하였으며, 늘 고객의 변화에 주목하고 있는 료칸만이 몇백 년, 몇십 년 계승될 수 있었다.

히이라기야 료칸의 서비스란 일본의 전통생활문화를 체험하고 느낄 수 있도록 하는 것이며 전통이란 끊임없이 고객의 니즈를 파악하고 시대에 맞게 때로는 시대를 앞서는 이노베이션의 연속선상에 있는 것이다.

출전: 히이라기야 료칸(저자촬영).

위 사진은 1960-1970년경에 설치된 객실의 커텐을 자동으로 열고 닫는 리모컨이다. 손님들이 아침에 눈을 떠 침구 속에서도 그날의 교토 하늘을 좀 더 즐기도록 투자를 한 것이다. 하지만 의외로 손님들 반응은 시큰둥했고 히이라기야에 그런 장치를 왜 했느냐는 손님의 말에 바로 다 없애 버리고 한 곳만 기념으로 남겨두었다고 한다. 이 이야기를 듣고 시니세의 자세를 느낄 수 있었다. 전통

속에 변화와 혁신을 하지 않으면 경영을 유지하기란 쉽지 않은 것이다.

히이라기야의 상호명에서 나타나듯 柊宿가 아니라 柊家임을 강조한다(두 단어 모두 발음하면 '히이라기야'로 같지만, 후자는 숙소가 아닌 집이라는 한자를 써서 '집'을 강조한다). 숙박시설보다 집이 갖는 의미가 바로 비즈니스전략일 것이다. 집의 개념을 특히 더 강조하는 히이라기야에서도 나카이와의 관계에 있어 많은 변화가 있었다. 옛날의 나카이는 료칸에서 생활을 같이 했으므로 가족과 다름없이 지내서 료칸이 그녀들의 사적인 고민이나 문제까지도 해결해 주기도 했다. 일을 할 때에도 가족과 구분이 없어 24시간 중 료칸 업무에 많은 시간을 할애하였다. 하지만 시대의 변화와 함께 나카이도 하나의 직업으로 선택되면서 료칸이 나카이를 대하는 무게도 많이 달라졌다. 히이라기야와 같이 전통생활문화를 비즈니스화하고 그런 점들을 이용해 부가가치를 발생시키고 있는 료칸의 경우, 나카이의 서비스 질이 비즈니스상 매우 중요하다. 더욱이 생활양식 자체가 서구화됨으로써 이전에는 가정에서 해 왔던 일본 전통가옥에서의 생활매너는 료칸의 몫이 되었다. 모든 서비스인재의 교육을 매뉴얼화하는 것은 매우 어려운 일이지만 철저하게 생활매너를 매뉴얼화하여 교육시키고 있다고 한다.

200년 정도 영업을 지속해온 곳에는 고객도 대를 이어 지속적으로 찾아주기도 한다. 이런 손님의 경우는 한 가족의 역사를 함께하는 것이기에 대하는 마음가짐이 남다르다고 한다. 어떤 의미에서는 손님과 종업원 모두에게 생긴 패밀리 의식이 가장 큰 부동의 로열티이지 않을까?

CASE 3   세계적인 럭셔리 체인 호텔에 WA(和) 일본 료칸으로 도전
호시노 리조트

● 배경

호시노 리조트는 나가노현 카루이자와(軽井沢)에 최초의 료칸을 창업한 104년 된 시니세료칸이다. 최근에 인바운드(방일외국인 관광객)와 함께 도쿄 황궁 근처 행정중심지역에 료칸을 오픈하여 화제가 되었다. 서양관광객에게는 상당히 낯선, 일본의 생활문화 중 마지막으로 남아있는 신발을 벗고 현관에 들어가는 행위를 재현시켰다.

카루이자와(軽井沢)에서 시작한 호시노 리조트의 초대 경영자 호시노 구니지(星野国次)는 별장지로 시작한 카루이자와(軽井沢)의 온천이 보양시설로써 심신을 건강하게 유지하기 위한 중요 요소가 될 것을 예견하여 메이지(明治) 37년(1904년)에 호시노 온천의 굴착을 시작해 다이쇼(大正) 3년(191년)에 호시노 온천료칸을 개업한다. 료칸 기능이 충실해지면서 다이쇼(大正) 10년(1921년)부터 시작된 예술자유교육 강습회를 통해 당시의 문화를 이끄는 장소가 되었다. 쇼와(昭和) 중기(1963년), 2대 경영자 호시노 카스케(星野嘉助)는 야생조류연구가 나카니시 고도우(中西 悟堂)와 함께 시대에 한발 앞서 생태계 보호활동에 힘썼고 그 결과 탐조회라 불리는 생태 가이드투어가 시작되어 현재의 에코 투어리즘까지 이어지고 있다.

여행수요가 감소한 종전 후, 고도 경제성장기와 더불어 국내여행 전성기, 그리고 해외여행 붐이 일어나면서 카루이자와(軽井沢)에도 많은 관광객이 찾아오기 시작하였다.

1987년 시행된 리조트법을 계기로 리조트와 료칸에 신규 참여가 증가하기 시작했다. 호시노 리조트도 이 시기에 현재의 경영방침을 이행하기로 했는데 그 내용은 다음과 같다. 사업내용을 운영분야에 특화하고 기업비전을 '리조트운영의 달인'으로 설정, 고객만족을 중시하면서 충분한 이익을 확보하도록 운영체계를 조직화하는 것이다. 이러한 독자 체계를 활용하여 2001년부터 리조트와 료칸의 운영사업을 시작했다. 2005년 7월에 「호시노야 카루이자와」 개업을 시작으로 2009년 「호시노야 교토」, 2012년 「호시노야 오키나와」까지 그 지역 특유의 가치관, 생태계, 문화를 지키면서 시대에 맞는 일본의 서비스를 제공해 왔다.

● 특징
현재 운영하고 있는 28곳의 시설, '와(和, wa)리조트'라 불리는 호시노 리조트의 'HOSHINOYA', 'RISONARE'는 성인(어른)을 위한 패밀리 리조트(Family fun)가 컨셉이며 3세대 여행을 타깃으로 전개하고 있다. 근년에 리조트시설의 소유와 운영의 분리가 진행되었는데 이러한 급성장을 받쳐주는 것은 사람이며 조직이었다. 따라서 어떻게 사람을 모아서 조직을 만들어 갈 것인지가 지금까지의 최대 테마였다. 이러한 조직화에서 가장 중요한 것은 '호시노 리조트다운 조직'이다.

'호시노 리조트다운 조직'을 만들기 위해서는 4개의 키워드가 중요하다. 「플랫한 조직-스스로 생각하기 때문에 즐길 수 있다」, 「멀티태스크(multitask)-순간적인 대응력」, 「소유와 운영의 분리-세계의 움직임을 지역 비즈니스에 반영」, 「트레드오프-한쪽을 추구하면 다른 한편의 희생은 어쩔 수 없다」이다. 호시노 리조트의 조직문화는 상당히 유니크하며, 그 기반이 되는 것은 플랫한 조직문화이다. 연령과 국적, 지위에 관계없이 사원들이 동료로서 대등한 관계 속에서 서로의 의견을 논할 수 있는 조직문화이다. 스태프 모두는 직위에 관계없이 자유로운 발언권을 가지고 모든 의견을 귀중하게 여기며, '누가 말했나'가 아니라 '무엇을 말했나'를 중시한다. 일에 있어서 정보를 공유하는 것, 계층화된 조직을 만들지 않는 것이다. 특히 유닛팀(unit team)이란 계층을 최소한으로 한 조직형태이다. 예를 들어 서비스, 액티비티, 영업 등 운영에 필요한 10-30명의 멤버로 유닛을 만들고 유닛별로 목표달성을 이루도록 한다. 소규모시설에서 하나의 시설=하나의 유닛으로 되어있는 경우도 있으며 그 조직의 유닛디렉터(unit director)=총지배인으로 된 조직도 있다.

유닛은 유닛디렉터라 불리는 팀의 캡틴이 지휘·통솔하고 플레이어(player) 개인은 자유롭게 움직이면서 같은 목표를 향하는 팀제도이다. 유닛디렉터는 고객 만족도와 수익성 향상을 위해 전략을 세우고, 비전을 실현하기 위해 스태프와 함께 최전선에서 싸우는 변혁청부인(変革請負人)이다. 한편 플레이어는 정해진 일을 하는 것이 아니라 창조적인 활동과 행동을 통하여 팀에 공헌하도록 움직인다. 유닛이란 상당히 자유롭게 움직이면서 같은 목표를 향하고 있는 팀제도이다.

플랫한 조직은 호텔이나 료칸에서 직책 부서와 상관없이 평등한 대화가 가능하다. '말하고 싶은 것이 있으면 말하고 싶은 사람에게 말하고 싶은 타이밍에 말할 수 있는 커뮤니케이션 스타일'이다. 인간관계를 플랫하게 하여 창조적인 발상이 시작되고, 최전선에서 고객과 접하는 접객종업원이 고객과 접하며 얻는 정보를 바탕으로 생각하고 창조하고 행동하는 환경을 어떻게 만들어 갈 것인지가 중요한 포인트이다.

한 사람이 생각하고 일을 수행하기 위해서는 적절한 판단재료가 필요하다. 호시노 리조트는 경영데이터를 개시하고 의사결정을 위해 필요한 정보를 공유하고 있다. 예를 들어 고객만족도조사의 결과와 이익률, 멀티태스크 수준 등 다양한 정보에 대하여 모든 스태프가 접촉할 수 있도록 하고 있다. 모든 스태프가 정보를 기반으로 빠른 한 경영 판단이 가능하도록 도전할 수 있는 조직이 호시노 리조트가 생각하는 이상적 조직이다.

[그림 19] 플랫형 조직형태

플랫형 조직은 중간층을 최대한 적게 만든 조직형태이다. 대표적인 사례는 Google로, 대인서비스 비즈니스에도 효과적이다.

호시노 리조트의 경우 유닛디렉터는 입후보제로 선출된다. 유닛디렉터는 팀을 지휘·통솔하고 개인의 플레이어가 자유롭게 움직이면서 같은 목표를 향하여 행동하는 팀제도이다. 유닛디렉터는 고객만족도와 수익성향상을 위해 전략을 세우고, 비전을 제시하고 최전선에서 싸우는 리더이다. 플레이어는 위에서 정해진 일을 하는 것이 아니라 창조적인 활동과 행동을 통하여 팀에 공헌하도록 움직인다. 다른 유닛에서는 자신이 유닛디렉터가 될 수 있으므로 소속된 유닛에서는 적극적으로 지원한다.

멀티태스크 등 전환배치는 일본기업의 인사정책상 큰 특징이고, 여러 직종을 경험하면서 승진해 가는 것이 보통이다. 일본의 공장 현장에서도 복수의 직종을 경험하는 다기능화가 일어나고 있다. 고객에 대해서도 호텔과 료칸은 대응방식이 다른데, 호텔은 수동적이라고 할 수 있다. 손님의 요청이 있어야 그에 대하여 전문적인 대응을 한다. 이에 비하여 료칸은 고객 측의 요청 없어도 서비스를 제공하려 하고, 고객과의 상호작용을 통해 서비스의 내용을 변화시켜 간다. 달리 말하면 사전에 설정된 서비스에 대해서는 고도의 전문성을 지닌 응대를 받을 수 있지만, 이 외의 손님 요청에는 대응이 곤란하다는 것이다. 이 때문에 컨시어지가 필요하게 되지만, 따로 담당하는 부서가 없는 업무를 담당하는 부서라는 존재는 전 문화나 분업의 원리를 따르는 문화전통에 따라 다르다.

서비스 제공자와 수용자가 먼저 어떤 서비스를 받을지 구체적으로 결정해 둔 것이 아니라 상호작용을 하면서 바람직한 서비스를 만들어 간다. 상대방에 대해서 응대하는 태도만 선행하지, 어떤 응대를 할 것인지에 대해서는 미정인 채로 있는 상태가 오모테나시이다.

고객의 칭찬은 스태프의 모티베이션(motivation)을 향상시킨다. 호시노 리조트의 고객만족도조사는 유명하다. 호시노가 목표로 하는 것은 숙박 경험 고객 20~30% 정도의 샘플을 분석하여 보다 정확한 고객데이터를 구축하는 작업이다. 고객에게 피드백 받은 내용을 현지종업원이 새로운 료칸의 매력으로 개발하여 고객에게 전하는 일련의 순환을 중요시한다. 지금까지 료칸에서 호평을 받은 매력적인 상품은 현지 스태프가 어느 날 우연히 생각을 공유하고 의논하여 상품으로 만들어낸 것들이다. 예를 들어 일본에서는 여름이면 금붕어 잡기(金魚救い)를 이벤트로 하고 있는데, 고객이 잡은 금붕어가 집에 가져가는 동안 죽어버리는 경우가 많았다. 그래서 료칸에 머무르는 동안은 방 안에서 금붕어를 키우도록 하는 현장종업원의 아이디어가 아이들에게 매우 인기가 있었다고 한다. 현장에서 고객의 마음보다 반 걸음 앞선 서비스를 제공한 결과가 고객만족으로 이어진 것이다. 호시노 사장은 고객만족은 고객이 료칸에서의 체류체험을 좋아하도록 하는 수밖에 없다고 한다. 더욱이 대부분의 경영자가 고객만족도조사에서 신경쓰는 것은 클레임이다. 클레임을 발견하면 그 고객의 담당자가 누구인지 범인찾기가 시작된다. 당연히 스태프의 모티베이션은 떨어지기 마련이다. 불만을 갖고 있는 고객은 평균적으로 5-6%이고 그 외의 96%에게도 높든 낮든 평가를 받는다. 서비스업계에서 가장 중요한 것은 '매우 만족한다'라고 표시해준 고객이다. 이들이 다시 찾아주는 고객이기 때문이다.

● 전략 = 디자인

출전: ©星野リゾート.

2013년에는 일본에서 처음으로 관광에 특화된 부동산투자신탁(REIT)을 설립, 호시노 리조트REIT'로 도쿄증권거래소에 상장했다. 2014년 HOSHINOYA Bali, 2015년 HOSHINOYA Fuji, 2016년 HOSHINOYA Tokyo를 개업하여 일본 발(發) 호스피탈리티(오모테나시) 확립을 목표로 세계를 향해 일본식 서비스를 전개하고 있다.

호시노 사장은 전 세계적으로 토요타가 달리고 있고, 어느 도시를 가도 일본 스시가 인기가 있고 고가이다. 여행객이 호텔이나 료칸 중에서 어느 쪽을 택할지 고민하는 마켓이 존재함을 믿는다고 강조한다. 2018년에는 도쿄에 그것도 중앙정부 중심지에 일본료칸 호시노야 도쿄를 오픈했다. 도쿄에서 일본료칸을 성공시켜서 해외진출의 기회를 갖는 것, 이것은 앞으로 2-30년 후를 생각한 투자라고 한다. 상당히 인상적인 것은 현관에서 신발을 벗는 시스템이다. 저자는 일본문화에 관심을 두고 서비스 비즈니스의 방향을 정리하기도 한다. 일본의 전통생활문화 중에서 유일하게 남아 있는 것은 '신발을 벗는 습관'이다. 이러한 생활문화의 습관을 호텔에 적용시킨 것에 깜짝 놀랐다. 도쿄 황궁 근처 정부기관이 즐비한 중심지에 디자인을 차별화하고 일본스러움을 강조한 전략으로 보인다.

호시노 료칸의 디자인은 늘 사람을 감동시킨다. 호시노야 교토의 료칸은 일상적인 공간에서 이(異)공간으로 들어가는 연출을 하고 있다.

　　호시노 사장의 말에 의하면 고객에게 과대한 기대를 하지 않도록 사전기대를 컨트롤하는 것에 성공한 곳은 '호시노야 후지'라고 한다. 이곳은 후지산 주변을 360° 현장조사를 실시하여 각 객실에서 후지산의 장관을 볼 수 있도록 설계되어 있다. 일본인에게 후지산은 특별한 의미이다. 그러나 멋진 후지산도 날씨에 따라 변할 수 있기에 가장 멋진 풍경을 팸플릿에 담아 광고를 하여 "멋진 후지산을 보러 이 곳에 와 주세요"라고 홍보한다. 그것을 본 고객은 기대감을 갖고 찾아오게 된다. 그러나 구름, 비 등으로 날씨가 안 좋아서 후지산이 안 보여 고객이 실망하게 되면 자연스럽게 만족도가 낮아질 것이다. 이러한 컨트롤 불가능한 요인이 료칸의 이미지를 해치게 된다. 그래서 일부러 프로모션에서는 후지산의 뷰를 넣지 않고 언제나 접할 수 있는 확실하고 평범한 자연환경을 담아 팸플릿을 만든다고 한다. 날씨는 관리할 수 있는 대상이 아니지만 서비스는 약속한 것을 반드시 지켜야 한다. 사실 팸플릿의 이미지보다 훨씬 아름다운 경관은 감동으로 이어질 뿐만 아니라, 자신이 운이 좋아서 볼 수 있었다는 특별함까지 느낄 수 있도록 설계된 것이다.

　　이처럼 다양한 숙박서비스의 형태가 일본에는 남아있다. 다시 한번 일본의 오모테나시를 분석하면, 오모테나시의 고객가치는 단순히 비즈니스모델에서 발생하는 것이 아니라 제공하는 서비스 그 자체에도 내재되어 있고, 접객이라는 고객접점에서 창출되어 비즈니스의 다양한 국면에 존재하고 있는 것을 알 수 있다. 고객가치레벨(customer value level)을 판단할 때 서비스는 개인의 주관적 감정과 감각에 영향을 주며 결과적으로 퀄리티와 코스트의 양면처럼 작용한다. 다시 말해 고객니즈에 일치하는 매력적인 서비스는 퀄리티를 증가시키며 시간, 에너지, 정신적인 코스트를 낮춘다. 반대로 서비스 시점이 부족하면 퀄리티는 감소하고 코스트는 증가한다.

　　서비스에서 필요한 것은 철저한 훈련으로 달성된 '정확성'과 '오모테나시'의 두 가지 요소이다. 기대 이상의 만족과 기쁨을 제공한다면 다시 방문하는 리피트 이펙트(repeat effect)를 가져올 것이다. 리피터(repeater)를 만들어내기 위해서는 오모테나시가 단순한 서비스를 넘어선 무엇인가가 되지 않으면 안된다. 일본의 시니세라 불리는 료칸에는 재방문율이 40% 이상 차지하는 경우가 많다.

▶ 전통생활문화의 재평가

오모테나시는 일본을 대표하는 문화적 단어가 되었다. 특히 국제관광에 있어서 한 나라의 식(食)문화와 주(住)문화를 비롯한 생활문화 양식은 매우 중요한 위치를 차지하고 있다. 이런 문화관광적 측면에서 료칸의 역할이 두드러져 보인다. 오노(小野, 2013)에 의하면 료칸에 일반적으로 설계된 도코노마, 스기야츠쿠리(일본의 옛가옥), 가이세키요리(일본전통식단) 등은 옛 궁전의 정식 접대 양식이며 이러한 것들이 문화교류에 의해 지방에 침투되어 온 것이라고 한다.

도코노마   스키야츠쿠리   가이세키요리

료칸은 로컬이라는 지역 고유의 환경 속에서, 또 많은 지역에서 비즈니스를 하는 업자들과 긴 시간 동안 함께 성장해 왔다. 그 형태도 다양하여, 다양화되어 가는 고객의 니즈에 대응하며 서비스를 제공하고 있다. 긴 시간에 걸쳐 키워온 지역 고유의 가치를 어필함과 동시에 지역 커뮤니티의 형성이 필요한 점에 주목할 필요가 있다.

료칸은 단순 숙박산업으로의 가치뿐만 아니라 최근 국제관광에서 사람들이 관심을 보이는 문화와 긴밀한 관계가 형성되어 있다. 하지만 문화관광은 어느 나라나 구조적으로 유사하고 동질화가 심하다. 이러한 경향 속에서 기존의 유형관광자원 중심의 문화관광이 직면한 장래의 과제는 사람들의 문화경험을 어떻게 제공할 것인가이다. 문화는 의식주를 시작으로 풍속, 관습, 예능, 예술부터 지역경관까지 포함하고 있다고 생각된다. 여기에 마케팅적인 사고가 더해져 어떠한 사람들에게 서비스를 제공하고 싶은지를 고려하거나 받아들이는 쪽이 고객을 선택하는(종합성보다 특화성) 기업도 물론 존재한다. 일본 료칸은 긴 시간을 거쳐 계승되어 왔으며 그 지속성과 함께 지역문화의 중추적인 존재로서 오카미가 있다. 결국 사람이 핵심이다.

▶ 한국 전통숙박시설의 창조와 재발견

한국에서도 최근 특정 커뮤니티를 중심으로 전통문화의 일부분을 관광자원화 하려는 움직임이 있다. 한옥 종갓집 옛 선조들의 생활문화를 (주로 제사문화이기도 하지만) 체험할 수 있는 공간으로 제공하려는 의도가 느껴진다. 한국도 옛 어른들의 '흥이나 멋'이 존재하는 민족이다. 우리의 선조들은 여유로움, 멋스러움과 깊이를 추구하는 민족이었을 것이다. 하지만 이제는 속도와 결과에만 연연하게 된 듯하다. 2011년에 경북지역 10곳의 고택/종택을 대상으로 명가사업이 추진되었다. 이 사업은 품위가 있고 품격이 높은 전통가옥을 전통문화의 체험장으로 활용하려는 시도이다. 문화재적 가치가 있는 전통가옥의 공공성을 실현하려는 의도도 있을 것이다. 해당 사업은 한옥체험을 사업장으로 제공한 고택, 종택과 사대부가의 생활문화 및 전통문화를 체험프로그램으로 상품화했다. 외국인관광객 또는 젊은 세대에게 한국의 고택을 보여주고 고유의 역사와 전통생활문화를 체험하도록 기회를 제공함으로써 한국 고유의 문화를 알리는 효과가 있을 것이다. 더욱이 그동안 주목받지 못했던 지역이 지방문화를 함축하고 있는 공간으로 재발견되는 기회이기도 하며, 지방관광의 활성화에 기여할 수 있을 것이다. '한스타일 육성정책'으로 문화적 가치가 있는 한옥, 고택, 농가 등 한국의 생활문화체험 숙박시설의 통합브랜드를 구축하려 하기도 했다. 실제로 한옥체험 사업은 2009년 10건에서 2013년 668건으로 급증하였다. 질보다 양적인 성

장에만 집중하는 듯 보였다. 그렇다면 질적인 내용은 어떠한가? 한옥체험은 일본의 료칸과는 시작부터 다르다. 료칸은 개인의 비즈니스 업체라 할 수 있다. 정부의 보조금에 의존하지 않는다. 장기적으로 계승된 배경에는 일본특유의 노렌오마모루(のれん(暖簾)を守る=가게 간판을 지킨다)라는 말이 있듯이 다음 세대에 바톤을 이어주는 중간 역할자라는 의식을 엿볼 수 있다. 지역에 따라서는 지역 전체의 노력도 보인다. 물론 대대로 내려오는 가업과 문화의 재발견을 목적으로 하는 정책이라는 점, 그 안에서 사람의 행동이 너무도 다르다는 점을 간과해서는 안된다. 성공적인 전통숙박시설 사업을 위해 한옥의 계승·지속성 문제를 고민하지 않으면 안 될 것이다.

Chapter
06

전통문화의 잠재력:

오모테나시에 대한 새로운 생각

Chapter 06 전통문화의 잠재력: 오모테나시에 대한 새로운 생각

▶ ○○스럽다는 것!

우리는 가끔 '○○스럽다'는 것을 동경한다. '○○스럽다'는 특정 이미지가 정착되면 브랜드화가 진행될 것이다. 그럼 '스럽다는 것'과 '스럽지 않은 것'에 관해 좀 더 생각해 보자. 저자는 2007년부터 교토대 경영관리대학원에서 일본의 크리에이티브 서비스를 연구하기 시작해 15년간 지속하고 있다. 일본의 연구기관은 한 가지 연구에 대해 지속적으로 서포트해주는 풍토가 있다. 저자가 속한 프로그램의 책임교수인 하라 교수의 연구에서 100년 이상 된 기업을 중심으로 리서치를 한 결과, 자신들의 기업에 대하여 '○○스럽다'는 것을 묵시적으로 이해하고 있으나 말로 표현하기가 어렵다고 응답했다. 말로 표현하지 못하는 만큼 자유도가 확보된다고 볼 수 있다. 한편 '○○스럽지 않다'라는 것은 말로 정확히 표현하고 있다. 이는 결국 자기업에 디메리트로 작용되거나 리스크라고 판단되면 처음부터 차단하는 장치로 기동하기도 한다. 다시 말해 방지차원에서도 '스럽지 않은 것'은 제거해 나간다는 것이다. 결국 '스럽지 않다'라는 점을 없애는 것이 매니지먼트라고 말하는 이도 있다. 이에 따라 오모테나시는 일본스러움을 표현해 주는 키워드이지만 그것을 뭐라고 딱 꼬집어 말할 수가 없었던 만큼 자유도가 있는 것이다.

일본스러움이란 자연의 소재가 본래 갖고 있는 모습에 집중하여 자연미를 살리며 간소(簡素)하고 주변과의 조화(調和)를 중시하는 것이다. 예를 들어 차도구(다기)에서도 볼 수 있다. 서양의 마이센(Meissen) 찻잔처럼 자연소재를 가공하여 사람의 손에 의해 창조된 화려한 모습은 일본스럽지 않은 모양이다. '일본스러움'은 어딘가 미완성적이며 균일하지 않은 우연함에 가치를 둔다. 미완성이므로 끊임없이 추구하며 균일하지 않은 우연 속에서 멋(遊び心, 아소비 코코로)을 찾으려 한다. 한편으로는 모순된 개념인 듯 보이지만 이러한 면이 지속성에 기여한다고 본다. 완성된 것이 미완성이고, 미완성 상태를 완성되어가는 것으로 인식하고, 그 미완성을 완성형으로 만들어 가는 **프로세스를 즐기는 것**이 일본인의 미(美)의식이라고 할 수 있다. 넘버원이 아닌 유일한 하나 온리원(only one)이다.

'일본스러움'에는 과거 몇백 년 전부터 계속되어온 사람의 노력에 새로운 기술을 융합시켜 새로운 가치 창조에 열중하는 **지속성이 높은 기업은 창조성**을 키워 나가고 있다는 것을 알 수 있다.

때때로 일본의 시니세경영자들은 일본에 100년 이상 장수기업이 많지만 세계적인 브랜드기업이 적은 이유를 고민한다. 에르메스, 샤넬, 루이비통, BMW, 할리데이비슨처럼 전 세계의 팬들을 압도하는 브랜드 파워가 약하다는 의견이다. 확장하지 않는 대가로 역사(지속성)를 받았을지도 모르겠다.

교토대학의 고바야시(小林) 교수는 옛 일본의 리더들은 일본, 중국뿐만 아니라 서양의의 고전에도 능하며, 지적인 전문성과 개인 인격의 조화마저 갖춘 지적 댄디즘(dandyism)을 추구했다고 한다. 이러한 일본인의 마음의 공극(空隙)과 카오스(혼돈), 이것을 종합화한 이념을 무사도(武士道＝부시도우)라고 한다. 무사도는 인격과 전문성을 융합시킨 논리이며 인티그럴(integral)형 인격도야(人格陶冶) 시스템이다. 일본에서의 전문성은 인격과 일체이고 개인의 소양과 견식의 발전이 요구된다고 한다.

[그림 20]   기업스러움과 지속적인 발전관계

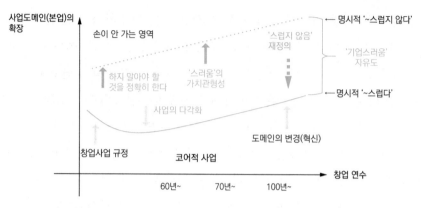

* 창업 연수의 정도에 따라 '기업스러움'의 자유도가 기업의 지속성에 영향을 미치고 있다.

출전: Hara(2019): 교토대학 경영전문대학원 [오모테나시경영론] 수업 중.

일본의 오모테나시에 관한 관심과 함께 한국에서도 그 내용이 많이 소개되고 있으나 아직은 신비주의적 성격이 보인다. 오모테나시를 그저 전통이나 문화로 정리해 버리기에는, 일본의 비즈니스현장에서 여전히 변화하는 시대에 적응하며 계승해 온 기업이 많다.

▶ 오카미의 계승체계는 守 破 離

변화하는 세상에서 무엇을 가장 중요하게 여겨야 할까? 이것이 바로 시니세의 과제이다. 히이라기야는 교토라는 로케이션을 중요시한다. 오카미의 배우는 과정과 지식의 축적 프로세스를 표현한 말로, 검도 또는 무도론에서 보이는 사상인 슈하리(守破離)가 있다. 저자는 슈하리를 역사를 지켜온 시니세료칸의 오카미에 비추어 보았다.

첫단계인 슈(守)는 전통을 그대로 지키면서 준수해 가는 과정으로 자기 료칸의 서비스 정신을 몸으로 익힌다. 다음 단계인 하(破)는 몸으로 익힌 서비스태도 속에서 현재의 니즈에 맞지 않는 것은 버리고 시대에 맞추어 앞으로 전진한다. 최종적으로 리(離)는 기존의 것에 좀 더 새롭고 독자적인 노력을 더하여 지금까지의 틀에서 벗어나 성장함으로써 자립적인 운영을 하게 되는 것이다. 여기서 오모테나시의 대표주자로 내세웠던 료칸의 오카미는 서비스 정신을 지키고 자신의 몸 속에 그 정신을 단단히 심어가며, 기존의 틀에서 벗어나 다시 한번 새로운 형태의 서비스를 창조해 나아가며 한 사람의 서비스리더로서 존재한다.

누구나 알고 있듯 기업의 지속적인 경영을 위해서는 수많은 비즈니스모델과 시스템 구축이 필요하다. 그리고 가장 높은 효율로 운영되어야 할 것이다. 하지만 일본의 오모테나시는 이러한 이윤 추구와는 어느 정도 거리가 있어 보인다. 고객의 이익 위주로 모든 시스템이 움직인다면 기업 이익이 쉽지 않을 것이다. 하지만 오모테나시는 끊임없이 고객을 이해하려는 노력으로 인해 시간이라는 장점을 두고 운영된다. 이것은 지금 당장은 손해를 볼 지 모르지만 한 고객의 생애가치가 계산된 장기적인 이익이다.

오모테나시는 일관성(consistency)과 변혁(innovation)의 연속선상에 있다. 그 때문에 지식경영(knowledge management)이 가치를 창출하고 있는 것이다. 오모테나시 브랜드 특히 대인서비스업에 있어서 리스트와 브랜드는 동전의 양면과도 같다. 고객들의 기대를 어떻게 서비스 제공자의 가치로 메워 나갈 것인지를 고민하지 않으면 안 된다. 고객의 감정, 상태, 환경의 변화에 대응해 나가면서 매 순간을 주시하는 오모테나시를 제공하려면 감성과 행동력이 필요하다. 앞에서도 말했듯이 오모테나시는 고객과의 커뮤니케이션에 있다. 보디랭귀지, 아이컨택, 환경, 상황, 시간 등 고객과 고객을 둘러싼 모든 상황을 순간적으로 관찰하여 고객을 이해하는 것이 필요하다. 또한 항상 자신이 놓인 환경이나 상황을 파악할 필요가 있다. 오모테나시 경영이란 결국 자기 자신을 갈고 닦아서 매일매일의 경험적 지식을 축적해 나가는 것이다. 경험과 감각을 조직과 공유함으로써 보다 높은 고객가치를 창출하게 될 것이다. 이러한 환경 속에서 사람과 사람이 관계를 맺을 때 우러나오는 감정은 서비스이기도 하고 오모테나시이기도 하다. 오모테나시가 많은 시간을 요하고 손이 많이가고 효율적이지 못한(과잉서비스처럼 느껴지는) 것처럼 보이나, 어쩌면 이것은 고객가치와 동전의 양면같은 것일지도 모르겠다. 일본인에게도 오모테나시가 힘든 경영으로 여겨지는 것은 현재의 서비스 마켓에서 고객 이해를 매우 얕고 단순한 사일로(silos) 형태로 대응하고 있기 때문이다. 그런 면에서 오모테나시는 좀 더 고객을 이해하고 제공자들끼리 고객에 대한 지식·정보를 공유하여 조직적이고 효율적으로 조준해 이익을 생성하는 운영방식이다.

일본인들은 어떻게 '일본인스럽다', '일본기업스럽다'라는 국가브랜드와 '교토스러운' 지역브랜드를 정착시켰을까? 그들은 0에서 1을 만들어 내는, 너무나도 많은 에너지를 필요로 하는 행동보다는 오늘의 1을 내일 조금 더 나은 1+로 만드는 것을 추구하지 않았을까? 끊임없이 과거의 경험지식(知)에 학술적인 연구를 더하여 좀 더 나은 서비스와 방법을 찾아내려 노력하는 것이다. 그 대표적인 용어로는 토요타의 가이젠(改善), 더 나아가서 고집스러운 쇼큐닌(職人, 장인정신)의 기술=와자(技)가 있다. 그들은 오늘보다 나은 자신으로 다듬어 좀 더 좋은 품질의 물건을 만들기 위해 생애를 바치며, 경험지식을 높여가면서도 만족하지 않는 혹독한 환경에 자신을 둔다.

눈이 휘둥그레지게 변화하는 마켓을 상대로 오모테나시의 본질을 추구하는 것에는 어떤 의미가 있을까? 오모테나시는 지식이고, 사람이기도 하며, 그 시대의 가치이기도 하다. 결국 전체를 통합적으로 보는 솔루션 패키지인 것이다. 단순히 하나의 상품화된 서비스나 지식은 진부화되어 단명한다. 하지만 그 지식을 갖고 있는 사람이 핵심이다. 오모테나시의 본질은 결국 '사람'에 귀착되는 것일지도 모르겠다.

일본의 오모테나시는 부가가치가 되고 전략적 상품화를 이루고 있다고 해도 과언이 아니다. 하버드 비즈니스 스쿨 연구팀이 '7분간의 신칸센 청소팀'을 고객서비스의 모델로 제시하면서 일약 유명해진 사례가 있다. 신칸센 도쿄역에서 승객이 내리고 다시 다음 목적지로 되돌아가기 위한 출발 준비를 하는 사이에, 청소 서비스 작업이 단 7분 안에 물 흐르듯이 진행된다. 청소뿐만 아니라 손님과의 약속인 목적지까지 안전하고 정확히 운송하는 코어부분은 더더욱 철저하게 관리된다. 일본의 철도 운행시간은 1분단위로 관리하며 정체가 4분을 넘

기면 사고라고 판단하는 일본인들의 세심함에 감탄하지 않을 수가 없다. 이러한 JR토우카이의 신칸센 운행관리 시스템이나 청소 서비스 작업은 여기서 멈추지 않고 일본기업의 탁월한 강점으로 부각되어 다양한 서비스, 특히 고객서비스인 오모테나시의 노하우 등으로 비즈니스화되어 전략적으로 활용되고 있다.

　일본의 서비스가 최근 높은 평가와 주목을 받는 배경에는 아시아지역의 경제성장과 엔화 약세에 따른 방일외국인의 급격한 증가, 일본의 생활문화 및 장인정신에 대한 긍정적인 평가가 이어지는 데 있다. 이러한 측면이 소프트파워의 형태로 어필가능한 무기가 되었다. 지금까지는 적극적·전략적으로 사용되지 않았으나, 앞으로는 일본 서비스의 강점으로 상품에 대한 품질 관리뿐만 아니라 서비스에 대한 오모테나시도 주목받지 않을까? 이러한 차별화된 경쟁력이 기업의 평가를 바꿀 수 있을 것이다. 따라서 일본의 오모테나시가 어떻게 과학적으로 그 노하우를 사업화해 나가는지 지켜볼 필요가 있다. 이 글이 '오모테나시'라는 키워드를 통해 조금 더 일본을 이해하는 데 도움이 되기를 기원한다.

저자약력

강 성숙(Sungsook Kang, Ph.D.)
테츠카야마 경제경영학부 교수

2006년 립쿄대학대학원관광학연구과 박사(관광학)
2007.09 ~ 2010.03 교토대학 경영관리대학원 서비스이노베이션 인재육성
                    전임연구원
2010.04 ~ 現職   테츠카야마대학 경영학부 부교수로 착임 후 현 경제경영학부
                    교수
2010.04 ~ 2014.03 쿄토대학 경영관리대학원에서 강의교수「시니세와 관광」
2014.03 ~ 2015.03 한국문화관광연수원 객원연구원
2014.03 ~ 2015.02 서울대학교 경영대학원 객원연구원
2016.09 ~ 現職   쿄토대학 경영관리 대학원 「오모테나시 경영」 강의교수

수상내역

1. 2006년 일본마케팅사이언스학회 젊은연구자논문부문 심사위원특별상 수상
2. 2014년 관광학술학회 올해의 [우수저서상] 수상
            (『実践から学ぶ女将のおもてなし経営』. 中央出版社.)
3. 2014년 상공종합연구소 중소기업연구 경영부문 [우수상] 수상
4. 2020년 관광학술학회 올해의 [우수저서상] 수상
    (『グローバルツーリズム』. 中央出版社.)
그 외 다수

천년의 문화와 전통이 살아 숨 쉬는 그곳 프로페셔널 인재는 누구인가

초판발행	2023년 9월 11일
지은이	강성숙
펴낸이	안종만·안상준
편 집	소다인
기획/마케팅	손준호
표지디자인	BEN STORY
제 작	고철민·조영환
펴낸곳	㈜ **박영사**
	서울특별시 금천구 가산디지털2로 53, 210호(가산동, 한라시그마밸리)
	등록 1959.3.11. 제300-1959-1호(倫)
전 화	02)733-6771
f a x	02)736-4818
e-mail	pys@pybook.co.kr
homepage	www.pybook.co.kr
ISBN	979-11-303-1810-3 93320

copyright©강성숙, 2023, Printed in Korea

정 가   16,000원